Talk 脱口说汉语
Chinese
Series

主编／李淑娟
编写／李淑娟　颜力刚
英文改稿／ Michael Williams

运动口语

Sports

Talk

华语教学出版社
SINOLINGUA

First Edition   2007

ISBN 978-7-80200-232-6
Copyright 2007 by Sinolingua
Published by Sinolingua
24 Baiwanzhuang Road,Beijing 100037,China
Tel:(86)10-68995871
Fax:(86)10-68326333
E-mail:fxb@sinolingua. com. cn
Printed by Beijing Foreign Languages Printing House
Distributed by China International
Book Trading Corporation
35 Chegongzhuang Xilu,P. O. Box 399
Beijing 100044,China

Preface

After months of arduous writing, this spoken Chinese learning series *Talk Chinese*, a crystallization of many teachers' hard work, has finally hit the road. As Chinese keeps warming up in today's world, the publication of such a series will no doubt arouse another heat in learning Chinese. Along with the rapid development of the Chinese economy, more and more people have realized the importance and necessity of the Chinese language in communications between people, which not only reflect in economy and trade, but mainly in our daily lives, work and study. Today, China has caught the eyes of the world. The number of people who invest, work, travel and study in China is constantly increasing. Therefore, to learn Chinese, especially colloquial Chinese well, has naturally become an urgent need for these people. In view of no such complete series of teaching spoken Chinese in the market at present, and to meet the demands of the market in learning Chinese, especially spoken Chinese, we have spent a lot of energy on planning and compiling this series to meet the needs of readers.

Talk Chinese is the first series on practical colloquial Chinese compiled and developed based on the theory of "Practical Communicative Functions". It covers ten themes on social communication, life, travel, sports, leisure, shopping, emergency, campus, office, and IT and network. By imitating real life scenes of various situations, authentic, lively and practical oral expressions are revealed to allow learners to experience the charm of the Chinese language through lively, interesting and humorous situational conversations, and learn the most commonly used colloquial words, phrases, slangs, customary usages, everyday expressions and sentences. In another word, this is a very useful and practical encyclopedia on speaking Chinese. As long as one masters the contents of this series, one can respond fluently with the knowledge and oral expressions learned in whatever situations.

The characteristic of this series lies in its authentic, practical language expression, stresses on colloquialism, liveliness, and modernization of language. It selects high frequency words and the most vivid and authentic oral expressions used in daily life, work and study. One of my American friends who can speak perfect Chinese said to me after reading this series, "Very good. I think some expressions in the books are really typical, which I can't learn from other places. " This shows that this series has made a breakthrough in Chinese learning materials, and achieved our original intention—that is to introduce the most typical, practical colloquial expressions to our friends who love Chinese, and allow them to use these expressions as soon as they learn them.

Besides, we've also included a "relevant Expression" by listing more expressions and words related to the themes in order to make it convenient for learners to expand their language competency and enlarge their vocabularies.

In addition, to better help learners to know Chinese and the Chinese culture, we've set up a column of "Language and Cultural Tips" with the intention to introduce some common usage and grammatical knowledge, common mistakes and point out words and expressions that are easily confused, as well as tips on cultural background of the language. Our goal is not only to help learners learn Chinese expressions, but also get to know the cultural connotations and language knowledge.

We know that learning and practicing is linked together. One can't reach the goal of learning without practicing, so at the back of each unit we've put together some exercises, emphasizing on listening and speaking to assist learners in mastering what they have learned through practice.

I think everyone has his/her own ways of learning. As the saying goes, "Every major road leads to Rome." We believe that as long as one tries hard, one can learn Chinese well no matter which ways and methods they adopt. We sincerely hope this series will be of some help in raising your real ability of speaking in Chinese.

We often say "reading enriches the mind" to encourage people to read widely. Today, we use this phrase to invite you walk into this series, where you will discover there are so many interesting words and sentences you have yet to learn. What are you waiting for? Come on, let's get started!

Chief compiler: Li Shujuan

前　　言

　　在经过了数月艰苦的笔耕之后,这套凝聚着众多老师心血的《脱口说汉语》大型汉语口语系列图书终于与大家见面了。在汉语不断升温的今天,这套系列图书的出版无疑将掀起汉语学习的又一个热潮。随着中国经济的迅猛发展,越来越多的人意识到汉语在人与人之间的交流与沟通上的重要性和必要性,这不仅仅体现在经贸方面,更主要的是体现在每日生活、工作和学习上。今天的中国已经成为世人注目的焦点,来华投资、工作、旅游、学习的人在不断扩大。学好汉语,特别是口语,自然成为这个群体的迫切要求,鉴于目前市场上尚无如此全面的学习汉语口语的系列图书,为了满足人们学习汉语,特别是汉语口语的需求,我们精心策划并编写了这套系列图书,以飨读者。

　　《脱口说汉语》是国内第一套以"实用交际功能"为理念开发编写而成的汉语口语实用系列,内容涵盖社交、生活、旅游、运动、休闲、购物、应急、校园、职场、IT网络十大主题。通过模拟发生在真实生活中各种各样的场景,再现地道、鲜活、实用的口语表达形式,让学习者从一个个生动、有趣、幽默的情景对话中体味汉语的魅力,学习掌握最常见、最口语化的词汇、短语、俚语、惯用语、常用语和常用句。可以说,这是一套实用性极强的口语小百科。只要掌握了这套系列的内容,无论面对什么场合,都能运用所学的知识和口语对答如流。

　　这套系列图书的特点在于语言表达地道、实用,突出语言的口语化、生活化和时代化。书中所收录的都是生活、工作和学习中所使用的高频词和最生动、活泼、地道的口语。我的一个中文讲得非常好的美国朋友在看过我这套系列图书之后说："很好，我觉得里面的一些说法特别地道，在别的地方学不到。"它表明这套系列图书，在汉语学习教材的编写上还是具有一定突破性的，也达到了我们编写的初衷，那就是要将汉语最精彩、实用的口语介绍给热爱汉语的朋友。让他们学了就能用，而且是活学活用。

此外，我们还另设有一个"相关用语"，把更多与主题相关的词句列出，目的是方便学习者拓展语言能力，扩大词汇量。

另外，为了更好地帮助学习者了解汉语和中国文化，我们特别开辟了一个"语言文化小贴士"栏目，向学习者介绍一些语言的使用和文法知识、词语在使用中常见的错误和易混的地方，以及语言的文化背景小提示，让学习者不仅学会汉语的表达，也了解其背后的文化内涵和语言知识。

我们知道，学与练是密不可分的，学而不练则达不到学的目的，所以在每个单元之后都有几个小练习，重点放在听说上，让学习者通过练习掌握所学知识。

我想每个人都有各自的学习方法，俗话说，"条条大路通罗马。"我们相信，只要努力，无论采取什么形式，都能学好汉语。我们衷心地希望这套系列图书能对学习者提高汉语口语的实际表达能力有所裨益。

我们常用"开卷有益"来鼓励人们去博览群书。今天我们用"开卷有益"邀你走进这套系列图书，你会发现这里有太多有趣的词语和句子是你从没有学过的。还等什么？赶快行动吧！

主编：李淑娟

目　　录

附录 **Appendixes**

Introduction

Part 1   Learn *Pinyin* My Way

Chinese *Pinyin* is not difficult to learn. It mainly includes three parts: initials, finals and tones. In this chapter you'll be introduced to some basic knowledge of *Pinyin*, how to pronounce them, the differences between *Pinyin* and the English phonetics, and ways to remember them, so that you can read *Pinyin* easily and pronounce them. This will help you to study Chinese along with the audios by yourself.

1. Initials

There are 23 initials in Chinese *Pinyin*. Many of them have similar sounds to the English consonants. Please look at Table 1 and compare them with the English version.

Table 1   Chinese initials

Chinese letter	Sound	English word
b	p	as "b" in "book"
p	p'	as "p" in "poor"
m	m	as "m" in "more"
f	f	as "f" in "four"

运动口语

d	t	as "d" in "dog"
t	t'	as "t" in "text"
n	n	as "n" in "net"
l	l	as "l" in "learn"
g	k	as "g" in "green"
k	k'	as "k" in "kit"
h	x	as "h" in "her"
j	tɕ	as "j" in "jeep"
q	tɕ'	as "ch" in "cheese"
x	ɕ	as "sh" in "shit"
z	ts	as "ds" in "sounds"
c	ts'	as "ts" in "lots"
s	s	as "s" in "sum"
zh	tʂ	as "j" in "journey"
ch	tʂ'	as "ch" in "church"
sh	ʂ	as "sh" in "shirt"
r	ʐ	as "r" in "red"
w	w	as "w" in "woman"
y	j	as "y" in "you"

2. Finals

There are 35 finals in Chinese *Pinyin*. To be more specific, there are six single finals and 29 compound finals. The six single finals are: a, o, e, i, u, and ü. Under each final there are several compound finals. The key to remember them, is to remember the six single finals first, then remember the compound finals of each final as a group. There is a rule in doing it. Look at Table 2 and compare them with the English version.

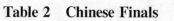

Table 2   Chinese Finals

Chinese letter	Sound	English word
a	A	as "ar" in "car"
ai	ai	I
an	ɑn	as "an" in "ant"
ang	ɑŋ	as "ong" in "long"
ao	ɑu	as "ou" in "out"
o	o	as "a" in "water"
ou	ou	oh
ong	uŋ	as "one" in "gone"
e	ɤ	as "ir" in "bird"
ei	ei	as "ay" in "may"
en	ən	as "en" in "end"
eng	əŋ	as "eng" in "beng"
er	ər	as "er" in "traveler"
i	i	as "ea" in "tea"
ia	iA	yah
iao	iɑu	as "yo" in "yoga"
ie	ie	as "ye" in "yes"
in	in	as "in" in "inside"
iu	iou	you
ian	iɛn	Ian
iang	iɑŋ	young
ing	iəŋ	as "ing" in "going"
iong	yuŋ	as "one" in "alone"
u	u	woo
ua	uA	as "wa" in "watt"
ui	uei	as "wee" in "sweet"
un	uən	won

uo	uo	as "wha" in "what"
uai	uai	why
uan	uan	when
uang	uaŋ	as "wan" in "want"
ü	y	
üe	ye	
ün	yn	
üan	yɛn	

3. Tones

The Chinese Mandarin has four tones—the first tone "ˉ", the second tone "ˊ", the third tone "ˇ", and the fourth tone "ˋ". Different tones express different meanings. So it is important to master all four tones in order not to mislead others when you're speaking.

How does one practice the four tones is a common question. Here is one way to do it: Do you know how to sing songs? Yes, use that to help you. For example: ā, á, ǎ, à, the first tone "ā" is a high tone, so you should sing it high pitched as if you're saying the word "hi"; the second tone goes from low to high as if you're saying the word "What?"; the third tone is like a valley, you can sing it as if saying the word "whoa"; and the fourth tone goes from high to low as if you're saying the word "Go!" Isn't it easy? Now let's practice the four tones.

ā	á	ǎ	à
ō	ó	ǒ	ò
ē	é	ě	è
ī	í	ǐ	ì
ū	ú	ǔ	ù
ǖ	ǘ	ǚ	ǜ

mā	má	mǎ	mà
妈	麻	马	骂
mother	hemp	horse	curse

wō	wó	wǒ	wò
窝		我	卧
nest		I	lie

gē	gé	gě	gè
哥	革	舸	个
brother	leather	barge	one unit of something (a measure word)

xī	xí	xǐ	xì
西	习	洗	细
west	study	wash	thin

hū	hú	hǔ	hù
呼	壶	虎	户
call	pot	tiger	household

jū	jú	jǔ	jù
居	局	举	句
reside	game	raise	sentence

5

Part 2　Learn Grammar My Way

As soon as the word grammar is mentioned, one may frown and sigh helplessly at the hardship of learning Chinese. As a matter of fact, learning Chinese grammar is not as difficult as learning the grammar of other languages. The most difficult thing to learn might be the characters or remembering the strokes and how to write them. Chinese grammar is much easier. In this chapter, you'll be introduced to some basic rules or structures of the Chinese grammar, so that you can learn them by heart as you continue to the later part of the book. As we did in the previous part, let's compare the Chinese grammar with the English grammar or that of other languages if necessary, so that you can get a clearer picture of the Chinese grammar.

After comparing English grammar with the Chinese, do you find it easier to learn? Those are the basic rules of Chinese grammar. You'll learn more complex sentences after mastering these simple ones. Actually, English and Chinese grammars have a lot in common. So look out for them as you study. Hope you'll enjoy learning Chinese with the help of this book.

汉语语法简介
A Sketch of Chinese Grammar

名　称 Term	汉　语 Chinese	英　语 English	对比说明 Explanation
动词谓语句 Sentences with verb as the predicate	我学习汉语。 我明天上午去你家。 他们在门口等你。 老师坐飞机来北京。	I study Chinese. I'll go to your home tomorrow. They are waiting for you at the gate. The teacher comes to Beijing by plane.	跟英语句式基本相同,但时间,地点,方式都放在动词前边。 Its sentence structure is similar to the English's, but the word of time, place and manner is put before the verb.
形容词谓语句 Sentences with adjective as the predicate	哥哥很忙。 我妈妈身体很好。	My brother is very busy. My mother's health is very good.	汉语主语跟形容词谓语之间不用"是"动词。 In Chinese no verb "be" is used between the subject and adjective predicate.
名词谓语句 Sentences with noun as the predicate	今天星期六。 一年十二个月。 明天 20 号。 他 30 岁。 我新来的。	Today is Saturday. There are twelve months in a year. Tomorrow is the 20th. He is thirty years old. I'm new here.	主语和谓语之间,可以用"是"也可以不用。但是用了"是"就不是名词谓语句了。 Verb "be" can either be used or not between the subject and the predicate. But if verb "be" is used, it is no longer an adjective predicate sentence.

7

续表

说口语对话 —

名称 Term	汉语 Chinese	英语 English	对比说明 Explanation
存现句 "There be" sentences	桌子上放着词典和书。 屋子里有人。 车上下来一个小孩儿。 墙上挂着一张画儿。	There are dictionaries and books on the table. There is someone in the room. There is a child getting off the bus. There is a picture on the wall.	"地方"可以作主语。这里的动词是"存在"的意思。 "place" can be used as a subject. The verb here means "existence".
"把"字句 Sentences with "ba"	我把钥匙丢了。 他把钱花光了。 你把钱给他。 你把行李拿下来吧。 她把这些东西搬出去了。 孩子们把椅子搬到教室外边去了。	I lost my key. He spent all his money. Give your money to him. Please take down the luggage. She moved these things out. Children moved chairs outside the classroom.	1. 谓语动词一般是及物动词。 2. 宾语多是名词。 3. 宾语是说话双方都知道的。 4. 谓语动词不能单独出现，后边必须跟"了""宾语"或者"补语"等。 5. 主要用来回答"宾语"怎么样了。 1. The predicate verb is usually a transitive verb. 2. The object is usually a noun. 3. The object is known by both sides of speakers. 4. The predicate verb cannot be used alone, it must be followed by "le", "object" or "complement" and so on. 5. It is mainly used to answer what happens to the object.

续表

名　称 Term	汉　语 Chinese	英　语 English	对比说明 Explanation
被动句 Passive sentences	我被老师批评了一顿。 姐姐被气哭了。 自行车叫弟弟骑坏了。 楼盖好了。 菜买回来了。 作业我写完了。	I was criticized by the teacher. My sister got so upset that she cried. The bicycle was broken by my younger brother. The building was completed. The vegetables were bought. My homework is done.	汉语的被动句可以分为两类：一类是有标志"被"、"叫"、"让"的，放在动词前边。另一类是无标志的，我们叫意念上的被动句。受事者放在主语位置上，谓语放在它的后边，结构跟主谓谓语句一样，但表示的是被动的意思。 The passive sentences in Mandarin can be divided into two categories: One is signaled with "bei", "jiao", and "rang" put before the verb. The other is not signaled, which we call imaginative passive sentence. The receiver is put in the subject position, followed by the predicate. The structure is the same to the subject + predicate sentence, but has a passive meaning.
"是……的"句 "shi…de" sentences	我是昨天坐飞机来北京的。 我是在商店买的这件衣服。 他是出差来的。	I came to Beijing by plane yesterday. I bought this coat in a store. He came here on business.	"是……的"句表示强调，强调"时间"、"方式"、"地点"、"目的"等。 The "shi…de" sentence indicates emphasis, stressing on "time", "manner", "place", "purpose", etc.

续表

名 称 Term	汉 语 Chinese	英 语 English	对比说明 Explanation
无主句 Sentences with- out a subject	下雨了。 刮风了。 上课了。	It's raining. Wind is blowing. It's time for class.	主语不需要出现时,可以不说出主语。 When a subject is not necessary, it is not used.
比较句 Comparative sentences	我跟你一样大。 哥哥比弟弟大两岁。 这双鞋比我的大一点儿。 他的口语比我的好得多。 妹妹比姐姐还(更)漂亮。 我儿子有某某子这么高。	I'm as old as you are. The elder brother is two years older than the younger one. These shoes are a little bigger than mine. His oral English is much better than mine. The younger sister is prettier than the elder one. My son is as tall as the table.	A 跟 B 一样＋形容词 A 比 B＋形容词＋补充说明 只可以说"A 比 B 更(还)＋形容词" A 有 B＋形容词 A "gen" B "yiyang" (same) + adj. A "bi" B + adj. + additional explanation A "bi" B "geng/hai" (more) + adj. A "you" (have) B + adj.

名　　称 Term	汉　　语 Chinese	英　　语 English	对比说明 Explanation
反问句 Rhetorical questions	这不是你的笔吗?	Isn't this your pen?	"不是……吗?"用来对某事进行强调,意思是"这就是你的笔"。汉语的反问句中肯定句强调否定,否定句强调肯定。反问句的种类还有很多。 "*bu shi…ma?*" is used to stress sth. meaning "this IS your pen." In Chinese the positive sentence in a rhetorical question stresses on negative, while a negative sentence stresses on positive. There are other types of rhetorical questions.
名词的数 Number of noun	一张桌子　三张桌子 一把椅子　六把椅子 一个学生　一百个学生	a table, three tables a chair, six chairs a student, a hundred students	汉语的名词没有单数、复数的变化。 In Chinese: the noun has no singular and plural.

—— TALK CHINESE

名称 Term	汉语 Chinese	英语 English	对比说明 Explanation
方位词 Direction and location words	东、南、西、北、上、下、前、后、左、右、里、外、内、中间、旁……	east, south, west, north, up, down, front, back, left, right, inside, outside, in, middle, aside…	汉语的方位词分单纯方位词和合成方位词。单纯方位词一般不能单独使用。合成方位词是由以～之～、～边、～面、～头组合而成。 The direction and location words are divided into pure words and compound words. The pure words are usually not used alone. The compound words are composed of "yi-", "zhi-", "-bian", "-mian", and "-tou".
	以东、以上、以内、以外、之前、之中、之间、之内、东边、左边、旁边、上边、东面、外面、下面、右面、东头、里头、上头、前头 等	eastward, above, within, beyond, before, among, between, within, eastern, left, side, above, east side, outside, below, right side, east end, inside, over, in front, etc.	
疑问词 "谁"、"什么"、"哪儿"等 Interrogative words "shui" (who), "shenme" (what), "na'r" (where) etc.	谁是老师? 你去哪儿? 这是谁的书? 你什么时候回家? 你们怎么回学校?	Who is the teacher? Where are you going? Whose book is this? When will you go home? How will you go back to school?	疑问词在问句中可以做主语、宾语、定语、状语。 Interrogative words can be used as the subject, predicate, attribute, and adverbial in a question.

续表

名 称 Term	汉 语 Chinese	英 语 English	对比说明 Explanation
数量词 Measure words （Quantifiers）	我买了三本书。 他买了五辆自行车。 浴室里挂着两面镜子。	I bought three books. He bought five bicycles. Two mirrors are hung in the bathroom.	汉语的量词非常丰富。数词和名词之间必须要有一个量词。 There are plenty of measure words or quantifiers in Chinese. There must be a measure word between numerals and nouns.
动词 Verbs	看一看，看了看，看一下，看一看，学习学习，学习了学习，学习了学习	look, have a look, look at study, learn	汉语的动词可以重叠使用。 Chinese verbs can be duplicated.
"了" "le"	昨天下午，我参观了历史博物馆。 我把这本小说看完了。 他坐起来下床穿上鞋走了出去。 我不去看电影了。	I visited the Historical Museum yesterday afternoon. I've finished reading the novel. He sat up, put on his shoes, got off the bed, and went out. I won't go to the movie.	"了"放在动词或者句子后边表示： 1．在一个具体的时间,这个动作完成了。 2．这件事情完成了。 3．在连续的几个动作发生时，"了"放在最后一个动词后边。 4．"了"表示事情发生了变化。 The word "le" following a verb or a sentence indicates: 1．The action is completed within a specific time. 2．This thing has been done. 3．When a series of actions are taking place, "le" is put behind the last verb. 4．"le" indicates something has changed.

名称 Term	汉语 Chinese	英语 English	对比说明 Explanation
"着" *zhe*	他在椅子上坐着。他穿着中式衣服。 床上躺着一个小孩子。	He is sitting on a chair. He is wearing Chinese-style clothes. A child is lying on the bed.	"着"放在动词后边表示：处于持续状态的动作或者样子。 The word "*zhe*" following a verb indicates it is in a state of continuous actions or mode.
"过" *guo*	我学过汉语。我去过上海。他没来过这儿。	I have studied Chinese. I have been to Shanghai. He hasn't been here.	"过"用在动词后表示：强调某种动作曾经发生过或者强调某种经历。 The word "*guo*" following a verb indicates a certain action has happened or a certain experience is being stressed.
正在……呢 正……呢 在……呢 正在……呢 *zheng zai…ne* *…ne* *zheng…ne* *zai…ne* *zheng zai…ne*	现在他正在吃饭。 我吃饭呢，不去送你了。 他没时间，他正开会呢。 他没出去，他在睡觉呢。 我正在吃饭呢，你别问我了。	He is having his meal now. I'm having a meal so I won't see you off. He has no time because he's having a meeting. He is not out. He's sleeping. I'm having a meal. Please don't ask me.	"正在……、……呢、正在……呢、正在……呢"表示某个动作正在进行中。 "*zheng zai…*", "*…ne*", "*zheng…ne*", and "*zheng zai…ne*" indicate an action is going on right now.

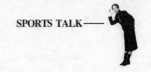

奥运会
Unit 1 Olympic Games

必备用语
Key Expressions

Wǒ xiǎng dāng zhì yuàn zhě
⦿ 我想当志愿者。
I want to be a volunteer for the Olympic Games.

Nǐ zhī dào ma
⦿ 你知道吗？
Do you know?

Ào yùn huì de zhǔ huì chǎng
⦿ 奥运会的主会场
The main stadium of the Olympic Games

Xiàn zài jiù dài wǒ qù ba
⦿ 现在就带我去吧。
Take me there now.

Ào yùn huì de kāi mù shì jiù zài zhè li jǔ xíng
⦿ 奥运会的开幕式就在这里举行。
The opening ceremony of the Olympic Games will be held here.

Ào yùn huì de jí xiáng wù
⦿ 奥运会的吉祥物
Olympic Mascot

运动口语

● Ào yùn huì zài nǎr jǔ xíng
奥运会在哪儿举行?
Where is the Olympic Games held?

● Bǐ sài xiàng mù
比赛项目
Competitive events

● Nǐ xǐ huan kàn bǐ sài ma
你喜欢看比赛吗?
Do you like to watch games?

● Wǒ zuì xǐ huan kàn tián jìng hé yóu yǒng
我最喜欢看田径和游泳。
My favorite is track and field, and swimming.

● qiān míng liú niàn
签名留念
Sign for me as a souvenir

● Nǐ dìng piào le ma
你订票了吗?
Have you booked tickets?

● kāi mù shì
开幕式
Opening ceremony

● rù chǎng shì
入场式
Entrance ceremony

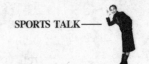

情景对话
Situational Dialogues

1. 谈论奥运会 Talking about the Olympic Games

（Two people are talking about the Olympic Games.）

Chén Dà lóng　Xiōng di　hǎo jiǔ bú jiàn le　　Zuì jìn máng shén me ne
陈大龙：兄弟，好久不见了。最近忙 什么呢？

Chen Dalong：Hello，buddy．Long time no see．What
　　　　　　are you doing?

Wáng　Xiǎodōng　Wǒ zài xué xí wài yǔ
王 小 东：我在学习外语。

Wang Xiaodong：I'm studying foreign languages．

Chén Dà lóng　Zěn me hū rán xué qǐ wài yǔ lái le
陈大龙：怎么忽然学起外语来了？

Chen Dalong：Why are you suddenly studying foreign
　　　　　　languages?

Wáng　Xiǎodōng　Èrlínglíngbā nián jiù yào dào le
王 小 东：2008 年就要到了。

Wang Xiaodong：The year 2008 is coming．

Chén Dà lóng　Nǐ xiǎng dāng Ào yùn huì de zhì yuàn zhě　duì bú duì
陈大龙：你想 当 奥运会的志愿者，对不对？

Chen Dalong：You want to be a volunteer for the Olym-
　　　　　　pic Games，don't you?

Wáng　Xiǎodōng　Nǐ zěn me zhī dào
王 小 东：你怎么知道？

Wang Xiaodong：How did you know?

Chén Dà lóng　Hāi　dì qiú rén dōu zhī dào　　Bù mán nǐ shuō　wǒ yě zài xué
陈大龙：咳，地球人都知道。不瞒你说，我也在学

ne
呢！

Chen Dalong：Well，everyone on earth knows that．To

—TALK CHINESE

运动口语

tell you the truth, I'm studying too.

Wáng Xiǎodōng   Nǐ yě zài xué ya
王 小东：你也在学呀？

Wang Xiaodong：You're studying, too?

Chén Dà lóng   Kě bú shì ma   jiù xing nǐ xué ya   Wǒ yě xiǎng dāng zhì
陈大龙：可不是吗，就兴你学呀！我也想当志

yuàn zhě na
愿者呐。

Chen Dalong：Sure. You're not the only one allowed to
learn, right? I want to be a volunteer too.

Wáng Xiǎodōng   Nǐ zhī dào ma   Ào yùn huì de zhǔ huì chǎng jiù zài wǒ jiā
王 小东：你知道吗？奥运会的主会场就在我家

pángbiān   xiàn zài zhèng zài shī gōng ne
旁边，现在正在施工呢！

Wang Xiaodong：Do you know? The main stadium of
the Olympic Games is right beside my
home, and it's under construction now.

Chén Dà lóng   Shì ma   Jiù shì nà gè   niǎocháo
陈大龙：是吗？就是那个"鸟巢"？

Chen Dalong：Really? Is it that "Bird's Nest"?

Wáng Xiǎodōng   Duì ya
王 小东：对呀！

Wang Xiaodong：That's right.

Chén Dà lóng   Āi   yō   nà wǒ děi qù lōu yì yǎn   xiàn zài jiù dài wǒ qù
陈大龙：哎哟，那我得去瞜一眼，现在就带我去

ba
吧。

Chen Dalong：Well, I'll have to go and have a look
then. Take me there now.

Wáng Xiǎodōng   Nǐ hái shi jí chár
王 小东：你还是急茬儿。

Wang Xiaodong：You're still so rash.

Chén Dà lóng　Zhè jiào　xiān dǔ wéi　kuài ma
陈大龙：这叫 先睹为 快嘛。

Chen Dalong：This is called a pleasure to be the first to see it.

2. 奥运会主会场 The Main Stadium of the Olympic Games

（The two arrive at the construction site of the main stadium of the Olympic Games.）

Chén Dà lóng　Zhè jiù shì　Ào yùn huì zhǔ huì chǎng　zhè shì tā de xiào guǒ
陈大龙：这就是奥运会主会场，这是它的效果
　　　　 tú
　　　　图。

Chen Dalong：This is the main stadium of the Olympic Games. This is the artist's impression of it.

Wáng Xiǎo dōng　Zhēn xiàng gè jù dà de niǎo cháo　Ào yùn huì de kāi mù
王 小 东：真 像 个巨大的鸟巢。奥运会的开幕
　　　　　 shì jiù zài zhè li　jǔ xíng ba
　　　　　 式就在这里举行吧？

Wang Xiaodong：It really looks like a bird's nest. The opening ceremony of the Olympic Games will be held here，won't it？

Chén Dà lóng　Shì de　　Kāi mù shì de yùn dòng yuán rù chǎng shì　huǒ jù
陈大龙：是的。开幕式的运动员入场式、火炬
　　　　 chuán dì hé diǎn huǒ jù　dà xíng gē wǔ biǎo yǎn yǐ jí bì mù
　　　　 传递和点火炬、大型歌舞表演以及闭幕
　　　　 shì dōu zài zhè li　jǔ xíng
　　　　 式都在这里举行。

Chen Dalong：Yes. The entrance ceremony of the athletes，the torch relay and torch-lighting and large-size entertainment shows of the opening ceremony and closing ceremony will all be held here.

Wáng Xiǎodōng　Nà tiān yí dìng hěn rè nao　quán shì jiè rén de mù guāng dōu
王　小东：那天一定很热闹，全世界人的目光都
　　　　　huì jù jiāo zài zhè li
　　　　　会聚焦在这里。

Wang Xiaodong：It will be a very spectacular day as all eyes will focus on here.

Chén Dà lóng　Shì a　　gū jì hái néng　kàn dào Ào yùn huì de　jí xiáng wù
陈大龙：是啊，估计还能 看到奥运会的吉祥物，
　　　　　shuō bu dìng hái yào　fàng　huā ne
　　　　　说不定还要 放 花呢！

Chen Dalong：Absolutely. Perhaps we will see the mascots of the Olympic Games, and there might be fireworks display.

Wáng Xiǎodōng　Tài bàng le　tīng de xīn dōu yǎngyang le
王　小东：太棒了，听得心都 痒痒了。

Wang Xiaodong：Great! I feel very excited just hearing that.

Chén Dà lóng　Nǐ　zhī dào Běi jīng Ào　yùn huì de kǒu hào shì shén me ma
陈大龙：你知道北京奥运会的口号是什么吗？

Chen Dalong：Do you know what the slogan of the Beijing Olympic Games is?

Wáng Xiǎodōng　Zhè suàn shén me　xiǎo cài　Tóng yí gè shì jiè　tóng yí
王　小东：这算什么，小菜。同一个世界，同一
　　　　　gè mèngxiǎng
　　　　　个梦想。

Wang Xiaodong：It's simple, just a piece of cake. One World One Dream.

Chén Dà lóng　Xíng a　　zài kǎo kǎo nǐ　zhè shì dì　jǐ jiè Ào yùn huì
陈大龙：行啊！再考考你，这是第几届奥运会？
　　　　　zuì zǎo de Ào yùn huì zài nǎr　　jǔ xíng de
　　　　　最早的奥运会在哪儿举行的？

Chen Dalong：Well, good for you! I'll ask you some

奥运会 Olympic Games

more. Which session is this Olympic Games? Where was the earliest Olympic Games held?

Wáng Xiǎodōng Zhè nán bù dǎo wǒ Wǒ zhī dào zhè shì dì èrshíjiǔ jiè Ào yùn
王 小东：这难不倒我。我知道这是第 29 届奥运
huì zuì zǎo de Ào yùn huì shì zài Xī là de Yǎ diǎn jǔ
会，最早的奥运会是在希腊的雅典举
xíng de Hái xiǎng kǎo shén me jǐn guǎn wèn ba
行的。还想 考什么，尽管 问吧?!

Wang Xiaodong：This can't baffle me. I know this will be the 29th Olympic Games, and the earliest one was held in Athens.

Chén Dà lóng Ào yùn huì xiàn zài gòng yǒu duōshao bǐ sài xiàng mù
陈大龙：奥运会现在共 有多少比赛项目?

Chen Dalong：How many competitive events are there in the Olympic Games?

Wáng Xiǎodōng Zhè ge ya ménr qīng Yí gòng yǒu èrshíbā gè Duì
王 小东：这个呀，门儿清。一共有 28 个。对
bù
不?

Wang Xiaodong：Oh, this is my specialty. There are all together 28 events. Am I right?

Chén Dà lóng Ńg kàn lái nǐ hái zhēn shì gè Ào yùn mí
陈大龙：嗯，看来你还真是个奥运迷。

Chen Dalong：Hum, it seems like you're a true Olympic fans.

Wáng Xiǎodōng Nà hái yòng shuō hái shì tiě gān de Ào yùn mí ne
王 小东：那还用 说，还是铁杆的奥运迷呢!

Wang Xiaodong：Of course! I'm a die-hard Olympic fan.

3. 喜欢观看比赛 Like to watch games

Chén Dà lóng　Nǐ xǐ huan kàn bǐ sài ma

陈大龙：你喜欢看比赛吗?

Chen Dalong：Do you like to watch games?

Wáng Xiǎo dōng　Dāng rán le　shén me lán qiú a　zú qiú a　yóu yǒng

王小东：当然了，什么篮球啊、足球啊、游泳

a　tián jìng　hái yǒu pīng pāng qiú děng děng　wǒ dōu xǐ

啊、田径，还有乒乓球等等，我都喜

huan

欢。

Wang Xiaodong：Of course, I like basketball, football,
swimming, track and field, and table tennis
and so on. I like them all.

Chén Dà lóng　Wǒ yě shì　Wǒ zuì xǐ huan kàn tián jìng hé yóu yǒng　Tián

陈大龙：我也是。我最喜欢看田径和游泳。田

jìng shì zuì gǔ lǎo de xiàng mù le　tā shì lì liàng hé sù dù

径是最古老的项目了，它是力量和速度

de dài biǎo

的代表。

Chen Dalong：Me, too. My favorite is track and field,
and swimming. Track and field is the oldest
event. It represents strength and speed.

Wáng Xiǎo dōng　Yǒu dào lǐ　tā tè bié néng tǐ xiàn Ào yùn de jīng shén

王小东：有道理，它特别能体现奥运的精神——

gèng kuài gèng gāo gèng qiáng

更快，更高，更强。

Wang Xiaodong：That's reasonable. It especially re-
flects the spirit of the Olympic Games—fas-
ter, higher, stronger.

Chén Dà lóng　Nǐ qiáo rén jiā Liú Xiáng　zhēn gēn tā de míng zi yí yàng

陈大龙：你瞧人家刘翔，真跟他的名字一样，

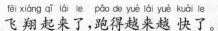

fēi xiáng qǐ lái le　pǎo de yuè lái yuè kuài le
飞 翔 起 来 了，跑 得 越 来 越 快 了。

Chen Dalong：Look at Liu Xiang，he is like his name，
　　　　　　soaring up. He is getting faster.

Wáng Xiǎodōng　Suǒ yǐ　　Běijīng Ào yùn huì shang yí dìng hái yǒu gèng jīng cǎi
王 小 东：所 以，北 京 奥 运 会 上 一 定 还 有 更 精 彩

de bǐ sài ne
的 比 赛 呢！

Wang Xiaodong：So I say there must be more magnifi-
　　　　　　　cent competitions in the Beijing Olympic
　　　　　　　Games.

Chén Dà lóng　Āi yā　　Wǒ dōu děng bù jí le　hái yǒu duō jiǔ cái kāi shǐ ne
陈 大 龙：哎 呀！我 都 等 不 及 了，还 有 多 久 才 开 始 呢？

Chen Dalong：Oh，I just can't wait anymore. How long
　　　　　　will it take before it begins?

Wáng Xiǎodōng　Xiān hǎo hāor　　xué wài yǔ ba　dào shí hou shuō bú dìng
王 小 东：先 好 好 儿 学 外 语 吧，到 时 候 说 不 定

néng pèng shàng nǐ chóng bài de míng xīng ne
能 碰 上 你 崇 拜 的 明 星 呢！

Wang Xiaodong：Study well the foreign languages first.
　　　　　　　By that time maybe you will bump into
　　　　　　　some stars you adore.

Chén Dà lóng　Méi cuò　wǒ yào suí shēn dài shàng yí gè qiānmíngběn　wú lùn
陈 大 龙：没 错，我 要 随 身 带 上 一 个 签 名 本，无 论

shì dà wàn míngxīng hái shì wèi lái de xīn xīng dōu ràng tā men
是 大 腕 明 星 还 是 未 来 的 新 星 都 让 他 们

gěi wǒ qiānmíng liú niàn
给 我 签 名 留 念。

Chen Dalong：You can say that again. I'll take a signa-
　　　　　　ture book with me and ask anyone I meet，be
　　　　　　it a big celebrity or a future new star，to sign
　　　　　　for me as a souvenir.

23

Wáng Xiǎodōng Shuō zhēn de   nǐ dìngpiào le ma
王 小东：说 真的，你 订票了吗？
Wang Xiaodong：Frankly speaking, have you booked
tickets?

Chén Dà lóng Āi yā zěn me bǎ zhè chár   gěi wàng le
陈大龙：哎呀，怎么把这茬儿给忘了。
Chen Dalong：Alas, how can I forget this matter.

Wáng Xiǎodōng Ào yùn huì de piào kě bù hǎo nòng děi gǎn jǐn dìng a
王 小东：奥运会的票 可不好 弄，得赶紧订啊！
Wang Xiaodong：The tickets for the Olympic Games
are hard to get. You'd better hurry.

Chén Dà lóng Shuō de yě shì   wǒ lì mǎ qù bàn
陈大龙：说的也是，我立马去办。
Chen Dalong：That's right. I'll do it right away.

词　汇
Vocabulary

对话1

兄弟	xiōngdi/buddy, brother
最近	zùijìn/lately, recently
忙	máng/busy
学习	xuéxí/study, learn
外语	wàiyǔ/foreign language
忽然	hūrán/suddenly
奥运会	Àoyùnhuì/Olympic Games
志愿者	zhìyuànzhě/volunteer
地球	dìqiú/earth
不瞒	bù mán/not conceal secret from, not hide the truth from

兴　　　　xīng/permit
主会场　　zhǔhuìchǎng/main stadium
家　　　　jiā/home
旁边　　　pángbiān/beside
正在施工　zhèngzài shīgōng/under construction
鸟巢　　　niǎocháo/bird nest
得　　　　děi/have to
瞜一眼　　lōu yì yǎn/have a look
急茬儿　　jíchár/quick-tempered；urgent task；rash
先睹为快　xiāndǔwéikuài/it's a pleasure to be the first to
　　　　　　　　　　　　　see

对话 2

效果图　　xiàoguǎotú/effect picture
巨大的　　jùdà de/huge
开幕式　　kāimùshì/opening ceremony
举行　　　jǔxíng/ hold
运动员　　yùndòngyuán/athlete
入场式　　rùchǎngshì/entrance ceremony
点火炬　　diǎn huǒjù/ignite torch
闭幕式　　bìmùshì/closing ceremony
一定　　　yídìng/must
热闹　　　rènao/jolly
全世界　　quán shìjiè/all over the world
目光　　　mùguāng/eyesight
聚焦　　　jùjiāo/focus
估计　　　gūjì/estimate

吉祥物	jíxiángwù/mascot
说不定	shuōbudìng/probably, perhaps, maybe
放花	fàng huā/set off fireworks
心痒痒	xīn yǎngyang/have an itching heart; anxious to do something
口号	kǒuhào/slogan
小菜	xiǎocài/piece of cake
考	kǎo/test; give an examination
最早	zuì zǎo/the earliest
难不倒	nánbudǎo/can't baffle
尽管问	jǐnguǎn wèn /ask as much as you like
比赛项目	bǐsài xiàngmù/competitive event
门儿清	ménrqīng/know clearly, to be sure of something
奥运迷	Àoyùnmí/Olympic fan
铁杆的	tiěgǎn de/firm, stubborn, inveterate, out-and-out, die-hard

对话 3

喜欢	xǐhuan/like
看比赛	kàn bǐsài/watch games
篮球	lánqiú/basketball
力量	lìliàng /strength
速度	sùdù/speed
代表	dàibiǎo/represent
有道理	yǒu dàolǐ/reasonable
体现	tǐxiàn/reflect

精神	jīngshén/spirit
跑	pǎo/run
更精彩	gèngjīngcǎi/more magnificent/interesting
等不及	děngbují/can't wait
开始	kāishǐ/begin
碰上	pèngshàng/bump into，run into
崇拜	chóngbài/adore
明星	míngxīng/star
随身	suíshēn/take with
签名本	qiānmíngběn/signature book
无论	wúlùn/no matter
未来的	wèiláide/future
新星	xīnxīng/new star
订票	dìngpiào/book a ticket
这茬儿	zhèchár/this thing；matter
忘了	wàngle/have forgotten
赶紧	gǎnjǐn/hurry，rush

相关用语
Relevant Expressions

Ào zǔ wěi
◉ 奥组委
Organization Committee of the Olympic Games

huì qí
◉ 会旗
Olympic flag

运动口语

● wǔ huán qí
五环旗
five-circle flag

● huì gē
会歌
Olympic Anthem

● yí zhàng duì
仪仗队
guard of honor

● guān kàn bǐ sài
观看比赛
watch games

● guānzhòng
观众
audience

● Zhè jiù qù bàn
这就去办。
Do it right away.

● yān huǒ
烟火
fireworks

● fú wá
福娃
lucky doll; Fuwa

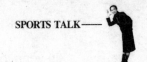

语言文化小贴士
Language Tips

1. 地球人都知道

"地球人都知道"原来是一个广告语,后来借用于指某件事情大家都知道。

"dìqiúrén dōu zhīdào" originates from a TV commercial, and it is later used to infer that something is known by everyone.

2. 瞜一眼

"瞜一眼"是俚语,意思是"看一下"。

"Lōu yì yǎn" is a slang meaning "have a look".

3. 心痒痒

"心痒痒"不是真指心发痒,而是比喻心里非常渴望。

"Xīn yǎngyang" doesn't really mean one's heart is itching, but refers that one is anxious for something.

4. 门儿清

"门儿清"是俚语，表示对某事了解得非常清楚。

"Ménr qīng" is a slang, meaning that one knows something very clearly/ absolutely.

5. 立马

"立马"是一种方言，意思是"立刻"。

"Lìmǎ" is a dialect, meaning "immediately, at once, or right away".

奥运小知识

中国国家体育场，因其外形像树枝编织的鸟巢而俗称"鸟巢"。它是由瑞士赫尔佐格和德梅隆建筑设计公司与中国建筑设计研究院共同设计完成的。它坐落在北京奥林匹克公园城市东北中轴线上，占地面积为 204100 平方米，建筑面积为 258000 平方米。在 2008 年北京奥林匹克运动会期间，国家体育场将承办开幕式和闭幕式，田径比赛和足球比赛等。它能容纳 10 万观众，其中有 2 万的临时座位。奥运会之后，国家体育场将改变成 8 万座位的大型体育比赛和非比赛活动的场馆。它将成为北京人举办大型比赛、娱乐表演的场所。

The National Stadium as it looks like a bird's nest woven by branches of trees is also called the "Bird's Nest". It is jointly designed by a swiss firm, Herzog & De Meuron Architekten AG, and China Architecture Design & Research Group. It is located in the Beijing

Olympic Park, northeast of the city axis line, covering an area of 204,100 square meters and forming a construction area of 258,000 square meters. During the 2008 Olympics, the National Stadium is designated to host the opening and closing ceremony, the track and field competitions and the soccer games, etc. It can accommodate 100,000 spectators of which 20,000 are to be added in temporary seating. After the 2008 Olympics, the National Stadium will be converted to an 80,000-seat stadium suitable for large-scale sports competitions and other non-competitive events. The National Stadium will become a large-scale venue for sports, recreation andentertainment for the people of Beijing.

练　习
Exercises

1. 根据课文选择适当的词语完成句子或对话。Choose the right words to complete sentences or dialogues below according to the text.

1) A：最近忙什么呢？

　　B：我在_____。

　　　a. 练习唱歌　　b. 学习外语　　c. 学开车

2) A：你想当奥运会的_____对不对？

　　B：你怎么知道？

　　　a. 志愿者　　　b. 观众　　　　c. 运动员

3) 奥运会现在共有多少_____？

　　　a. 运动　　　　b. 比赛项目　　c. 届

4) 我都_____了，还有多久才开始呢？

　　　a. 等不及　　　b. 饿死了　　　c. 急茬儿

31

运动口语

5）A：说真的，你_____了吗？

B：哎呀，怎么把这茬儿给忘了。

　　a. 吃饭　　　　b. 看到　　　c. 订票

2. 连线题。Matching exercise.

A1 急茬儿　　B1 非常渴望

A2 瞅一眼　　B2 看一下

A3 心痒痒　　B3 急性子

A4 门儿清　　B4 立刻

A5 立马　　　B5 非常清楚

篮　球
Unit 2 Basketball

必备用语
Key Expressions

● Dǎ qiú qù
打球去。
Let's play ball.

● Dǎ quánchǎng
打全场。
Play full court.

● Xiān liàn wǔ fēn zhōng
先练5分钟。
Warm up for 5 minutes.

● Kàn tā men fú bù fú
看他们服不服。
Let's show them who's boss.

● zhuā jiū xuǎn zé chǎng dì
抓阄选择场地
flip a coin to choose a side

● Bǎ qiú chuán gěi wǒ
把球传给我。
Pass me the ball.

运动口语

Zhù yì fángshǒu
● 注意防守。
Pay attention to defense.

Hǎo qiú
● 好球!
Nice shot.

Yǒu le
● 有了。
I've got it.

Dǎ de hǎo
● 打得好。
Well played.

Jiù zhè me dǎ
● 就这么打。
Do it like this.

shuǐpíng bù xiāng shàng xià
● 水平不相 上下
about the same level

pǎodòng chuán qiú
● 跑动 传球
running pass

liǎng fá liǎng zhòng
● 两罚两 中
make two free throws

bèi gài diào le
● 被盖掉了
blocked

Shí jiān bù duō le
● 时间不多了。
Not much time left.

ná xià le lán bǎn qiú
● 拿下了篮板球
pulled down the rebound

Lí bǐ sài jié shù hái yǒu sānshíwǔ miǎo zhōng
● 离比赛结束还有 35 秒 钟。
Only 35 seconds left.

情景对话
Situational Dialogues

1. 打篮球 Playing basketball

（Some friends made an appointment today to play basketball together. So Chen Dalong comes to see Wang Xiaodong.）

Chén Dà lóng Xiǎodōng gān shén me ne
陈大龙：小东，干 什么呢？
Chen Dalong：Xiaodong，what are you doing?

Wáng Xiǎodōng Kàn xiǎoshuō ne
王 小东：看 小说呢。
Wang Xiaodong：I'm reading a novel.

Chén Dà lóng Bié kàn le   Zǒu dǎ qiú qù   Gēr   jǐ gè dōu děng nǐ
陈大龙：别看了。走，打球去。哥儿几个都 等你
ne
呢。
Chen Dalong：Don't read. Come on，let's play ball.
        Several of our friends are waiting for you.

Wáng Xiǎodōng Dōu yǒu shuí ya
王 小东：都有谁呀？

35

Wang Xiaodong：Who are they?

Chén Dà lóng　Dà gèr　　SūnJiàn　Tiě tóu　hái yǒu jǐ gè qiú yǒu　Shàng

陈大龙：大个儿、孙健、铁头，还有几个球友。上

cì dǎ qiú　tā men shū le　bù fú qì　Jīn tiān yòu lái jiào

次打球，他们输了，不服气。今天又来叫

bǎn le

板了。

Chen Dalong：The big guy, Sun Jian, Tietou (the Iron-
　　　　　head), and some other guys. Last time we
　　　　　played they lost the game. They are not con-
　　　　　vinced we are better, so they come today to
　　　　　challenge us.

Wáng Xiǎodōng Hēi　yǒu zhǒng　　Zǒu　zan men zài shā tā men yì huí　kàn

王 小东：嘿，有种。走，咱们再杀他们一回，看

tā men fú bù fú

他们服不服。

Wang Xiaodong：Well, they are brave. Come on, let's beat
　　　　　them once again to show them who's boss.

（At the basketball field, those guys are waiting for
them.）

Wáng Xiǎodōng　Xiōng dì men　zán men jīn tiān shì dǎ bàn chǎng hái shì quán

王 小东：兄弟们，咱们今天是打半场还是全

chǎng

场？

Wang Xiaodong：Hello, guys. Shall we play half court
　　　　　or full court?

Dà gèr　　Wǔ gè rén　gòu le　　dǎ quánchǎng ba

大个儿：5个人，够了。打全场吧。

The big guy：Five people, that's enough. Let's play full
　　　　　court.

Tiě　　tóu　Dǎ quánchǎng guò yǐn

铁 头：打全场 过瘾。

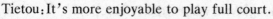

Tietou：It's more enjoyable to play full court.

Yí gè qiú yǒu Duì shàng cì yě shì dǎ quánchǎng
一个球友：对，上次也是打全场。

Another guy：Yes. We played full court last time，too.

Wáng Xiǎodōng   Nà hǎo   wǒ men zhè biān   nǐ men nà biān   xiān liàn wǔ fēn
王 小东：那好，我们这边，你们那边，先练5分

zhōng
钟。

Wang Xiaodong：Well then，we'll play this side，and
you on that side. Let's practice for five
minutes first.

Chén Dà lóng   Zánmen zěn me fēn gōng
陈大龙：咱们怎么分工？

Chen Dalong：What positions will we play?

Wáng Xiǎodōng   Wǒ hé dà lóng dǎ hòu wèi   Dà gèr   dǎ zhōng fēng Sūn
王 小东：我和大龙打后卫，大个儿打中锋，孙

Jiàn hé Tiě tóu dǎ qiánfēng
健和铁头打前锋。

Wang Xiaodong：Dalong and I will be guards，the big
guy plays the center，Sun Jian and Tietou
will be forwards.

Sūn Jiàn hé Tiě tóu   Hǎo lei
孙健和铁头：好嘞！

Sun Jian and Tietou：OK.

Dà gèr   Wǒ men jīn tiān zài dǎ gè piàoliang de dà bǐ fēn kàn tā men
大个儿：我们今天再打个漂亮的大比分，看他们

fú bù fú
服不服。

The big guy：We'll get a very high score today again
and show them who's boss.

Chén Dà lóng   Shuí dāng cái pàn ya
陈大龙：谁当裁判呀？

运动口语

Chen Dalong：Who will be the referee?

Wáng Xiǎodōng　Jiào Lǐ gē dāng，tā bǐ jiào gōngpíng
王　小 东：叫李哥当，他比较 公平。

Wang Xiaodong：Let Brother Li do it. He's pretty
　　　　　　　fair.

Dà gèr　　　Wǒ men　xiānguò qù gēn tā men dǎ　gè zhāo hu ba
大个儿：我们 先过去跟他们打个招呼吧。

The big guy：Let's go over and greet them first.

Wáng Xiǎodōng　Duì　rán hòu　zhuā jiū xuǎn zé chǎng dì
王　小 东：对，然后 抓阄选择场地。

Wang Xiaodong：Right. And then flip a coin to choose
　　　　　　　sides.

Chén Dà lóng　Hǎo　　Bié wàng le　rè shēn
陈大龙：好。别忘了热身！

Chen Dalong：OK. Don't forget to warm up.

2. 打比赛 A competition

　（Chen Dalong，Wang Xiaodong and three others，
after warming up，begin to compete with the other
side.）

Wáng Xiǎodōng　Dà lóng nǐ dīng zhù tā men de qiánfēng　wǒ lái zhùgōng
王　小 东：大龙你盯住他们的前锋，我来助攻。

Wang Xiaodong：Dalong，you guard their forward. I'll
　　　　　　　assist.

Chén Dà lóng　Hǎo
陈大龙：好。

Chen Dalong：OK.

Sūn　Jiàn　Bǎ qiú chuán gěi wǒ
孙　健：把球 传给我。

Sun Jian：Pass me the ball.

Dà gèr　　Shàng lán　hǎo qiú
大个儿：上 篮，好球。

The big guy：Lay up. Good shot.

Wáng Xiǎodōng Zhù yì fángshǒu
王 小东：注意防守。

Wang Xiaodong：Defense.

Chén Dà lóng Kān zhù tā   Bié ràng tā qiángxíng tū pò
陈大龙：看住他。别让他强行突破。

Chen Dalong：Block him. Don't let him get through.

Cái   pàn Fàn guī le   Shuí lái fá qiú
裁 判：犯规了。谁来罚球？

Referee：Foul. Who will make the foul shot?

Duì fāng fá qiú yuán Chòu qiú
对方罚球员：臭球！

Foul shooter of the other side：Damned ball!

Duì fāng qiú yuán Hǎo qiú zhòng le
对方球员：好球，中了。

The other side player：Good. It's in.

Wáng Xiǎodōng Zhù yì yùn qiú hé jié zòu   Gěi Dà gèr   wǒ yǎn hù
王 小东：注意运球和节奏。给大个儿，我掩护。

Wang Xiaodong：Be careful with dribbling and rhythm.
　　　　　　　 Pass it to the big guy. I'll protect him.

Chén Dà lóng Piāoliang
陈大龙：漂亮！

Chen Dalong：Nice shot.

Cái   pàn Duì fāng yào qiú huàn rén
裁 判：对方 要求 换人。

Referee：The other side wants to change players.

……

Tiě   tóu Wǒ lái yǒu le
铁 头：我来，有了。

Tietou：Let me… I've got it.

Wáng Xiǎodōng Dǎ de hǎo   Jiù zhè me dǎ   Ràng duì fāng fàn guī
王 小东：打得好。就这么打。让对方犯规。

运动口语

Wang Xiaodong：Well played. Play like that. Make them foul.

3. 看比赛 Watching a game

（Wang Xiaodong and his father are watching an NBA basketball game at home.）

Wáng Xiǎodōng Zhè chǎng bǐ sài yí dìng hěn hǎo kàn liǎng zhī qiú duì dōu
王 小东：这 场 比赛一定 很 好看，两支球队都

hěn lì hai
很厉害。

Wang Xiaodong：This is definitely going to be a great game because both teams are strong.

Fù　　qīn　Ng　Shuǐpíng bù xiāng shàng xià
父 亲：嗯，水平不相 上下。

Father：Yeah, they're about the same level.

Wáng Xiǎodōng　Nǐ jué de shuí néng yíng
王 小东：你觉得谁 能 赢？

Wang Xiaodong：Who do you think will win?

Fù　　qīn　Tài yáng duì néng yíng
父 亲：太阳队能 赢。

Father：The Suns.

Wáng Xiǎodōng　Wèi shén me
王 小东：为 什么？

Wang Xiaodong：Why?

Fù　　qīn　Yīn wèi shàng yi chǎng Tài yáng duì jiù shì zài kè chǎng yǐ dà bǐ
父 亲：因为 上一场太阳队就是在客场以大比

fēn yíng le Hú rén duì　Zhè cì shì zhǔ chǎng kěn dìng méi wèn
分赢了湖人队。这次是主场，肯定 没 问

tí
题。

Father：Because the Suns beat the Lakers in high score on the road last time. This is their home court,

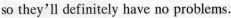

so they'll definitely have no problems.

Wáng Xiǎodōng　Wǒ kàn hǎo Hú rén duì
王 小东：我看好湖人队。

Wang Xiaodong：I expect the Lakers to win.

(a moment later)

Wáng Xiǎodōng　Kàn　bǐ sài kāi shǐ le
王 小东：看，比赛开始了。

Wang Xiaodong：Look，the game's beginning.

Fù　　Qīn　Tài yáng duì zhǔ yào shì yào kān zhù Kē　bǐ
父 亲：太阳队主要是要看住科比。

Father：The Suns should mainly guard Kobe.

Wáng Xiǎodōng　Kē bǐ ná qiú tóu lán　　Āi yā　méi tóu zhòng
王 小东：科比拿球，投篮。哎呀，没投中 。

Wang Xiaodong：Kobe's got the ball，he shoots. Oh，he
　　　　　missed.

Jiě shuō yuán　Tài yáng duì de Nà shí pǎo dòng chuán qiú　Dí ào yí gè yuǎn
解说员：太阳队的纳什跑动 传球，迪奥一个远
　　　　　tóu
　　　　投。

Narrator：Nash of the Suns made a running pass. Diaw
　　　　　made a long shot.

Fù　qīn　Hǎo qiú piào liang　Nà shí de zhù gōng yì shi tài qiáng le
父 亲：好球，漂亮。纳什的助攻意识太强了，
　　　　tā jīng cháng shì bèi chuán
　　　他经常是背传。

Father：Good shot，beautiful. Nash often assists other
　　　　players. He often makes back passes.

Wáng Xiǎodōng　Ǹg　bié rén néng tóu shí　tā jiù chuán qiú zhù gōng　bié rén
王 小东：嗯，别人能投时，他就传球助攻；别人
　　　　bù néng tóu shí　tā jiù zì　jǐ tóu lán dé fēn
　　　不能投时，他就自己投篮得分。

Wang Xiaodong：Yeah. He passes the ball and assists

when others shoot, and he shoots and scores himself when others can't.

Fù　　qīn　Zhè gè qiú shì Hú rén duì fàn guī le　　Hǎo　liǎng fá liǎng zhòng
父　亲：这个球是湖人队犯规了。好，两罚两 中 。

Tài yáng duì bǎ bǐ fēn zhuī dào le wǔ fēn
太阳队把比分追到了5分。

Father：The Lakers fouled this time. Well, two fouls two points. The Suns have reduced the gap five points.

Jiě shuōyuán　　Ào duō mǔ tiào tóu sān fēn qiú mìng zhòng　　xiàn zài Hú rén duì
解说员：奥多姆跳投3分球命 中 ，现在湖人队

lǐngxiān Tài yáng duì qī fēn
领先太阳队7分。

Narrator：Odom jumped and shot, and scored a three-point shot. Now the Lakers are seven points in the lead.

Wáng Xiǎodōng　Hēi hēi　 zhè me dǎ zhǔn néng yíng
王 小 东：嘿嘿，这么打准 能 赢。

Wang Xiaodong：Well, if they play like this and they will win for sure.

Fù　　qīn　Nánshuō　xiàn zài cái dǎ dào dì sān jié　　Nòng bù hǎo dào zuì
父　亲：难说，现在才打到第三节。弄不好到最

hòu yì fēn zhōng　dōu néng fān pán ne
后一分钟 都 能翻盘呢。

Father：It's hard to say. It's only the third period now. The situation might change in the last minute of the game.

Wáng Xiǎodōng　óu　chà yì diǎnr　　tán chū lái le
王 小 东：噢，差一点儿，弹出来了。

Wang Xiaodong：Oh, that was close, but it bounced out.

Fù　　qīn　Zhè ge qiú fēi de zhēn yuǎn　Nà shí jǐ hū shì zài fá qiú xiàn
父　亲：这个球飞得真 远。纳什几乎是在罚球线

jiù qǐ tiào le huáxiáng de jù lí zhè me yuǎn
就起跳了，滑翔的距离这么远。

Father：That was a long shot. Nash jumped almost at the foul line and the ball flew such a long distance.

Jiě shuōyuán Kē bǐ wài xiàn de héngxiàng yí dòng jí tíng tiào tóu
解说员：科比外线的横向移动，急停，跳投。

Narrator：Nash moved horizontally at the exterior line, stopped, jumped and shot.

Wáng Xiǎodōng Āi yā bèi gài diào le
王 小东：哎呀，被盖掉了。

Wang Xiaodong：No, the shot was blocked.

Fù qīn Nà shí qiǎng dào lán bǎn shí jiān bù duō le Tài yáng duì yǒu
父 亲：纳什抢到篮板，时间不多了。太阳队有

jī huì le Āi yā yā shào qiú
机会了。哎呀，压哨球。

Father：Nash grabbed the rebound. There is not much time left. The Suns have got a chance. Oh, it might go down to the whistle.

⋯⋯⋯

Jiě shuōyuán Kē bǐ ná xià le lán bǎn qiú wèi Hú rén duì de shèng lì diàn
解说员：科比拿下了篮板球，为湖人队的胜利奠

dìng le jī chǔ
定了基础。

Narrator：Kobe pulled down a rebound and laid the foundation of victory for the Lakers.

Wáng Xiǎodōng Duàn qiú ōu chà diǎnr
王 小东：断球，噢，差点儿。

Wang Xiaodong：Interception. Oh, almost.

Jiě shuōyuán Hú rén mù qián lǐng xiān qī fēn xiàn zài lí bǐ sài jié shù hái
解说员：湖人目前领先7分，现在离比赛结束还

yǒu sānshíwǔ miǎo zhōng
有 35 秒 钟。

运动口语

Narrator：At present the Lakers are seven points in the lead. Now there are only 35 seconds left before the game is over.

Wáng Xiǎodōng　Āi yā　Kē bǐ chuán qiú shī wù
王 小 东：哎呀，科比传球失误。

Wang Xiaodong：Oh, Kobe failed to pass the ball.

Jiě shuōyuán　Lā jiā bèi ěr bèi fá xià
解说员：拉加贝尔被罚下。

Narrator：Raja Bell was fouled out.

Fù　qīn Dé méi le　Zhè gè qiú chuán de dà le xiē
父 亲：得，没了。这个球传得大了些。

Father：Well, that's it. This ball was passed too far.

Wáng Xiǎodōng　Hú rén méi gěi tài yáng rèn hé jī huì　mù qián lái kàn jī
王 小 东：湖人没给太阳任何机会，目前来看基

běn suǒ dìng shèng jú le
本锁定 胜局了。

Wang Xiaodong：The Lakers didn't give any chance to the Suns. That almost settled the game now.

Jiě shuōyuán　Hái yǒu liù miǎo zhōng zhè shì zuì hòu yí cì zàn tíng
解说员：还有 6秒 钟，这是最后一次暂停。

Narrator：There are six seconds left. This is the last time-out.

Wáng Xiǎodōng　Òu　Hú rén duì yíng le　jiǔshíjiǔ bǐ jiǔshísān　yǐ liù fēn de
王 小 东：噢，湖人队赢了，99 比 93 ，以6分的

yōu shì dǎ bài Tài yáng duì
优势打败太阳队。

Wang Xiaodong：Oh, the Lakers won with the score of 99：93. They beat the Suns by six points.

Fù　qīn Zhēn bù róng yì　Bú guò　jīn tiān Hú rén duì dǎ de dí què bú
父 亲：真不容易。不过，今天湖人队打的的确不

cuò
错。

Father: It really wasn't easy. However, the Lakers
played very well today.

词 汇
Vocabulary

对话 1

篮球	lánqiú/basketball
看小说	kàn xiǎoshuō/read a novel
打球	dǎqiú/play a ball
等	děng/wait
上次	shàng cì/last time
输	shū/lose
不服气	bù fúqì/not be convinced
叫板	jiàobǎn/challenge
有种	yǒuzhǒng/have guts; be brave
杀	shā/kill
一回	yì huí/once
半场	bàn chǎng/half court
全场	quán chǎng/full court
过瘾	guòyǐn/satisfy an urge
练	liàn/practice
分钟	fēn zhōng/minute
分工	fēngōng/divide the work
后卫	hòuwèi/guard
中锋	zhōngfēng/center
前锋	qiánfēng/forward
漂亮的	piàoliang de /beautiful

大比分	dà bǐfēn /high score
裁判	cáipàn /referee
比较	bǐjiào/comparatively, relatively
公平	gōngpíng/fair
过去	guòqù /go over
打招呼	dǎ zhāohu /greet sb.
抓阄	zhuājiū/pick lots；flip a coin
选择	xuǎnzé /choose
场地	chǎngdì /court；field
热身	rèshēn/warm up

对话 2

盯住	dīngzhu/gaze at，stare at
助攻	zhùgōng /assist
传给	chuángěi /pass to
上篮	shàng lán /lay up
注意	zhùyì /be aware of，pay attention to
防守	fángshǒu /defense
看住	kānzhù /guard
强行	qiángxíng/force
突破	tūpò /break through
犯规	fànguī/foul
罚球	fáqiú/foul shot；free shot
运球	yùnqiú /dribble
节奏	jiézòu /rhythm
大个儿	Dàgèr/ big（tall）guy
掩护	yǎnhù/secure

对方	duìfāng/the other side
要求	yāoqiú/ask; request
换人	huànrén/change people; substitution

对话 3

厉害	lìhai /strong
水平	shuǐpíng/level
不相上下	bù xiāng shàng xià /all square
觉得	juéde/think; feel
赢	yíng/win
肯定	kěndìng/definite; firm
拿球	ná qiú/hold the ball
投篮	tóulán/shoot
跑动	pǎodòng/run
传球	chuánqiú/pass the ball
远投	yuǎntóu/long shot
经常	jīngcháng/often
得分	défēn/score
追	zhuī/catch up; chase
领先	lǐngxiān/in the lead; lead
最后	zuìhòu/last; at last; lastly; in the end
差一点儿	chà yìdiǎnr/all but; by a finger's breadth
几乎	jīhū/almost, nearly
起跳	qǐtiào/jump
距离	jùlí/distance
移动	yídòng/move
时间	shíjiān/time

机会	jīhuì/chance; opportunity
拿下	náxià/grad; take off
胜利	shènglì/victory
断球	duàn qiú/steal
结束	jiéshù/finish; end
失误	shīwù/turn over
罚下	fáxià/be penalized off
暂停	zàntíng/time-out
打败	dǎbài/beat, defeat

相关用语
Relevant Expressions

lán qiú chǎng
◉ 篮球场
basketball court

lán qiú quān
◉ 篮球圈
ring, hoop

shàng xià bànchǎng
◉ 上/下半场
first (second) half game

yáncháng sài
◉ 延长赛
prolonged match

fān shēn tóu lán
◉ 翻身投篮
turn around to shoot

◉ kòu lán
扣篮
over-the-rim shot; dunk shot

◉ guàn lán
灌篮
dunk shot; slam dunk

◉ bǔ lán
补篮
tip in shot; follow up shot

◉ jī dì chuán qiú
击地传球
bounce pass

◉ fān shēn tiào tóu
翻身跳投
turn around; jump and shoot

◉ wài wéi yuǎn tóu
外围远投
outside long shot

◉ nèi wài cè tóu
内/外侧投
inner (exterior) side shoot

◉ dài qiú shàng lán
带球上篮
driving to the hoop

◉ chū jiè
出界
outside

kòng qiú
● 控球
control the ball

zǒu bù
● 走步
travel

mìngzhòng lù
● 命中率
shooting average

语言文化小贴士
Language Tips

盖帽

　　这是篮球的防守动作,指用手将空中的球拦截,使其不能进入篮筐,因其动作好似给篮筐盖上一顶帽子而得名。后来引申用于称赞某人做得好,如"盖帽了"、"盖了帽了",意同"好极了,棒极了。"

这球真棒,盖帽了!

Block a shot

This is a defensive term of the basketball game. It refers to one who blocks a shot from the air so that the ball can't fall into the hoop. As the blocking action looks like covering the hoop with a hat, so Chinese people call this term "gài mào". Later it is used as an exclamation to praise someone who has done a good job, for example, "gài mào le," "gàile mào le", meaning "well done, terrific, fantastic" and so on.

篮球小知识

你知道吗？篮球最早源于一种游戏。当时的人们是将球投向一个桃筐，看谁投得最准。后来在1891年美国马萨诸塞州斯普林菲尔德市基督教青年会训练学校体育教师詹姆士·奈史密斯博士从这个游戏中得到启发，并设计将两只桃篮分别钉在健身房内两端看台的栏杆上，桃篮口水平向上，距地面10英尺，用足球向篮内投掷，投进一球得1分，按得分多少决定胜负。于是人们便用桃篮的篮和足球的球字取名这项运动为"篮球"。

Do you know that basketball originates from another game? At that time people threw a ball at a peach basket to see who could throw the most accurately. Later, in 1891, Dr. James Smith got inspiration from the game and fixed two peach baskets on railings at two ends of the gymnasium 10 feet above the floor with the mouths of the peach baskets up. A football was used to throw at the basket. Whoever threw in a ball got one point and the one who got the most points won the game. Therefore, people used the words "basket" and

运动口语

"ball" to name this new sports "basketball".

练 习
Exercises

1. 根据课文选择适当的词语完成句子。Choose the right words to complete sentences below according to the text.

1) 上次打球，他们输了，_____。

    a. 不服气   b. 服不服   c. 没有气

2) 别忘了_____！

    a. 活动   b. 热身   c. 打招呼

3) A:你觉得谁能_____?

   B:太阳队能赢。

    a. 输   b. 行   c. 赢

4) 犯规了。谁来_____?

    a. 罚球   b. 打球   c. 投球

5) 这个球飞的真_____。

    a. 长   b. 好   c. 远

2. 选择正确的英文释义。Choose the right English explanation.

1) 传球

    a. steal a ball   b. pass a ball   c. hold a ball

2) 盖帽

    a. block a shot   b. foul shot   c. follow up shot

3) 暂停

    a. start off   b. stop over   c. time-out

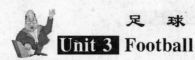

足 球
Unit 3 Football

必备用语
Key Expressions

Nǐ xǐ huan zú qiú ma
● 你喜欢足球吗？
Do you like football?

Duì zú qiú zhēn shì yí qiào bù tōng
● 对足球真是一窍不通
know nothing about football

Shè mén
● 射门。
Shoot.

Dǎ mén
● 打门。
Shoot.

Qiú jìn le
● 球进了。
Score.

Yǒu yì si
● 有意思。
Interesting.

运动口语

tī píng le
◉ 踢平了
equalize

Qiú jìn le
◉ 球进了。
The ball's in.

Nǐ xǐ huan nǎ ge qiú yuán
◉ 你喜欢哪个球员？
Which football players do you like?

Xiāngdāng bú cuò
◉ 相当不错
extremely well/good

Zhè shuō bù zhǔn
◉ 这说不准。
It's hard to say.

Nà kě shì hǎo xì
◉ 那可是好戏。
That will be exciting.

Dǎ gāo le
◉ 打高了。
Kicked too high.

Tài yí hàn le
◉ 太遗憾了。
What a pity!

Méi xì le
◉ 没戏了。
Hopeless.

情景对话
Situational Dialogues

1. 友谊赛 A friendship match

（Wang Xiaodong's company and another company have a friendly match. Wang Xiaodong and his colleagues are cheering for them in the stands. ）

Wáng Xiǎodōng Nǐ xǐ huan zú qiú ma
王 小东：你喜欢足球吗？

Wang Xiaodong：Do you like football?

Lǐ QiànYíng ō   wǒ kě shì gè zú qiú máng   Yīn wèi kàn bù dǒng suǒ
李倩颖：哦，我可是个足球盲。因为看不懂，所
yǐ jiù bù xǐ huan
以就不喜欢。

Li Qianying：Oh, I don't know anything about football.
I don't like it because I don't understand it.

Wáng Xiǎodōng Qí shí zú qiú bù nán kàn duō le jiù dǒng le
王 小东：其实足球不难，看多了就懂了。

Wang Xiaodong：In fact, football is not difficult. You'll
understand it if you watch it more.

Lǐ Qiànyíng Zú qiú bǐ sài jǐ gè rén tī ya
李倩颖：足球比赛几个人踢呀？

Li Qianying：How many players are there in a football
match?

Wáng Xiǎodōng Kàn lái nǐ duì zú qiú zhēn shì yí qiào bù tōng
王 小东：看来你对足球真是一窍不通。

Wang Xiaodong：It looks like you really know nothing
about football.

Lǐ Qiànyíng Zhēn bù hǎo yì si
李倩颖：真不好意思。

Li Qianying：I'm sorry.

Wáng Xiǎo dōng Méi guān jì   Zú qiú bǐ sài shàng chǎng de qiú yuán zuì
王 小东：没关系。足球比赛上 场的球员最

duō měi duì shíyī gè rén bāo kuò shǒuményuán Yì bān yǒu
多，每队11个人，包括守门员。一般有
sì gè hòu wèi sì gè zhōngfēng liǎng gè qiánfēng
四个后卫，四个中锋，两个前锋。

Wang Xiaodong: It doesn't matter. The number of players on the field in a football match is more than that in other ball games, all together 11 players for each team including a goal keeper. There are usually four defenders, four midfielders and two forwards.

Lǐ Qiànyǐng Zhè xiē wèi zhì de míngchèng gēn lán qiú de chà bù duō ma
李倩颖：这些位置的名称跟篮球的差不多吗？

Li Qianying: The names of these positions are similar to basketball, right?

Wáng Xiǎodōng Chà bù duō dàn yǒu xiē jiào fǎ bù tóng Lìng wài lán qiú
王 小东：差不多，但有些叫法不同。另外，篮球
yì bān shì fēn shàng xià bàn chǎng měi chǎng èr shí fēn zhōng
一般是分上下半场，每场 20分钟；
ér zú qiú shì měi chǎng sì shí wǔ fēn zhōng dǎ píng le hái
而足球是每场 45分钟，打平了还
yào yǒu sānshí fēn zhōng de jiā shí sài
要有 30分钟的加时赛。

Wang Xiaodong: Yes, more or less the same, but some names are different. In addition, basketball is usually divided into two halves, with 20 minutes per half. Football, however, is 45 minutes per half and there's 30 minutes extra-time match if it ends in a draw.

Lǐ Qiànyǐng Rú guǒ jiā shí sài hái shì píng jú zěn me bàn ne
李倩颖：如果加时赛还是平局怎么办呢？

Li Qianying: But what if it ends in a draw again after

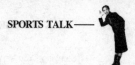

extra-time?

Wáng Xiǎodōng　Nà jiù yào jìn xíng diǎn qiú dà zhàn le

王 小东：那就要进行 点球大战了。

Wang Xiaodong：Then there will be a penalty shoot-out.

Lǐ Qiànyǐng　ō　Jiù shì zuì hòu zài qiú mén qián de shè mén ba

李倩颖：噢，就是最后在球门 前的射门吧？

Li Qianying：Oh, that's the shooting in front of the gate at the end, is it?

Wáng Xiǎodōng　Duì　ó　nǐ kàn　wǒ men duì de Zhāng Yáng yǐ jīng bǎ

王 小东：对。哦，你看，我们队的 张 扬已经把

qiú dài dào jìn qū le　shè mén　Qiú jìn le

球带到禁区了，射门。球进了。

Wang Xiaodong：Right. Look, Zhang Yang of our team has taken the ball to the penalty area. He shoots, a goal.

Lǐ Qiànyǐng　Tài bàng le　Zhāng Yáng　Āi　zú qiú de jī běn dòng zuò shì

李倩颖：太棒了，张 扬！唉，足球的基本动作是

bú shì gēn lán qiú yě chā bù duō

不是跟篮球也差不多？

Li Qianying：Bravo! Zhang Yang. Well, isn't the basic action of football similar to basketball?

Wáng Xiǎodōng　Duì　xiàng chuán qiú　dài qiú　dài qiú guò rén dōu chā bù

王 小东：对，像 传球、带球、带球过人都差不

duō　Dàn zú qiú bù néng pèng zháo shǒu hé gē bo　kě

多。但足球不能 碰 着 手和胳膊，可

yǐ yòng tóu dǐng

以用头顶。

Wang Xiaodong：Yes. Like passing the ball, tackling, dribble past other players are all the same. But in football one can not touch the ball with hands and arms, but can use the head to hit it.

Lǐ Qiànyǐng Yǒu yì si   rú guǒ kě yǐ yòng shǒu jiù bú shì zú qiú le
李倩颖：有意思，如果可以用 手就不是足球了，

nà jiù shì shǒu qiú le
那就是手球了。

Li Qianying：How interesting! If one could use hands instead, it wouldn't be football any more, but handball.

Wáng Xiǎodōng Hǎo jiǎo qiú   Jī huì yǒu le tóu qiú jìn le èr bǐ
王 小 东：好，角球。机会，有了，头球，进了。2比

líng
0 。

Wang Xiaodong：Oh, good. A corner kick. A chance, that's a chance. Head the ball, a goal. Two nil.

2. 谈论世界杯 Talking about the World Cup

(The German World Cup is going on. At lunchtime, Wang Xiaodong is talking with his colleague Zhou Liang about matches in recent days.)

Zhōu Liàng Zuó wǎn kàn qiú le ma
周   亮：昨 晚 看球 了吗？

Zhou Liang：Did you watch the games yesterday?

Wáng Xiǎodōng Wǒ zhǐ kàn le yì chǎng Yì dà lì duì Wū kè lán   Nǐ
王 小 东：我只看了一 场，意大利对乌克兰。你

ne
呢？

Wang Xiaodong：I only watched one, Italy against U-kraine. What about you?

Zhōu Liàng Wǒ gēn nǐ yí yàng   Tīngshuō Ā gēn tíng duì dǎ de yě bú cuò
周   亮：我跟你一样。听说阿根廷队打的也不错。

Zhou Liang：Me, too. I heard that the Argentinian team played quite well.

Wáng Xiǎodōng Shì a   Ā gēntíng liù bǐ líng qīngsōng jī bài le Sāi hēi
王 小东：是啊，阿根廷6比0轻松击败了塞黑。
Wang Xiaodong：Yes. The Argentina team beat Serbia
and Montenegro by a score of 6 to love.

Zhōu Liàng Āi   Nǐ xǐ huan nǎ ge duì
周　亮：哎，你喜欢哪个队？
Zhou Liang：Which team do you like?

Wáng Xiǎodōng Wǒ xǐ huan Yì dà lì duì hé Bā xī duì
王 小东：我喜欢意大利队和巴西队。
Wang Xiaodong：I like the Italian team and the Brazil-
ian team.

Zhōu Liàng Nǐ zuì xǐ huan nǎ ge qiú yuán
周　亮：你最喜欢哪个球员？
Zhou Liang：Which football players do you like?

Wáng Xiǎodōng Wǒ zuì xǐ huan Pí yē luó hé Luó nà ěr duō   Nǐ ne
王 小东：我最喜欢皮耶罗和罗纳尔多。你呢？
Wang Xiaodong：My favorite players are Del Piero and
Ronaldo. And you?

Zhōu Liàng Wǒ xǐ huan Qí dá nèi   tā yǒu wáng zhě de fēng dù   Yǐ
周　亮：我喜欢齐达内，他有王者的风度。以
qián wǒ yě xǐ huan Luó nà ěr duō bú guò zhè xiē nián tā fā
前我也喜欢罗纳尔多，不过这些年他发
pàng le   chéng le féi luó le
胖了，成了肥罗了。
Zhou Liang：I like Zidane. He has the air of a king. I
used to like Ronaldo before，but he has
gained weight these years and has turned in-
to a fat Ronaldo.

Wáng Xiǎodōng Ňg   tā pǎo qǐ lái méi guò qù nà me kuài le   Dàn wǒ hái
王 小东：嗯，他跑起来没过去那么快了。但我还
shì xǐ huan tā tè bié pèi fú tā guò rén de běn lǐng
是喜欢他，特别佩服他过人的本领。

Wang Xiaodong：He can't run as fast as he used to. But I still like him, and especially admire his ability of running past everyone.

Zhōu Liàng：Zhè cì Dé guó duì tī de xiāngdāng bú cuò，dào mù qián wéi
周　亮：这次德国队踢的相当不错，到目前为
zhǐ　yì chǎng méi shū guo
止，一场　没输过！

Zhou Liang：This time the Germany team played extremely well. It hasn't lost one game yet so far.

Wáng Xiǎodōng　Tā men zhàn le tiān shí、dì lì、rén hé de yōu shì
王　小东：他们　占了天时、地利、人和的优势。

Wang Xiaodong：They take the advantage of knowing the weather, advantageous terrain and popular support.

Zhōu　Liàng　Nǐ shuō Dé guó duì néng ná guàn jūn ma
周　亮：你说德国队能拿冠军吗？

Zhou Liang：Do you think the German team can win the championship?

Wáng Xiǎodōng　Zhè shuō bù zhǔn，kàn shì tóu tǐng měng de　yě shuō bú dìng
王　小东：这说不准，看势头挺　猛的，也说不定
ne
呢。

Wang Xiaodong：It's hard to say. It looks like their impetus is very strong, but it's hard to tell.

Zhōu　Liàng　Zhè dào shì　Jiǔ bā nián de Fǎ guó shì jiè bēi　Fǎ guó bú jiù
周　亮：这倒是。98年的法国世界杯，法国不就
shì ná dào guàn jūn le ma
是拿到　冠军了吗？！

Zhou Liang：You bet. In the '98 French World Cup, the French won the '98 championship, didn't they?

Wáng Xiǎodōng Wǒ xī wàng Yì dà lì huò Bā xī néng yíng Rú guǒ méi yǒu

王 小东：我希望意大利或巴西能 赢，如果没有

shén me yì wài de huà

什么意外的话。

Wang Xiaodong：I hope Italy or Brazil will win, if
nothing unexpected happens.

Zhōu Liàng Kàn de chū lái nǐ shì tā men de tiě gǎn qiú mí

周 亮：看的出来，你是他们的铁杆球迷。

Zhou Liang：It's obvious you are a faithful football fan
of theirs.

Wáng Xiǎodōng Méi cuò Wǒ yì zhí zhī chí tā men Hāi wǒ tīng shuō

王 小东：没错。我一直支持他们。嗨，我听说

Yīngguó duì bèi táo tài hòu bù shǎo nǚ qiú mí dōu kū le

英国队被淘汰后，不少女球迷都哭了。

Wang Xiaodong：That's right. I've been supporting
them. Well, I heard after the British team
was washed out, many woman fans cried.

Zhōu Liàng Nà xiē dōu shì xiǎo bèi de fěn sī Rú jīn kě yǒu bù shǎo wěi

周 亮：那些都是小贝的粉丝。如今可有不少伪

qiú mí dōu shì chòng zhe shuài gē qù de

球迷，都是 冲 着 帅哥去的。

Zhou Liang：Those are Beckham's fans. Nowadays
there are quite a lot fake football fans.
They are watching games for handsome
men.

Wáng Xiǎodōng Shuōzhēn de jué sài yí dìng děi kàn nà kě shì hǎo xì

王 小东：说真的，决赛一定得看，那可是好戏，

sì nián cái yí cì de yo

四年才一次的哟。

Wang Xiaodong：Frankly speaking, the final game must
not be missed. That will be an exciting
one, only once every four years.

運動口語

Zhōu Liàng Nà shì guò yǐn ya Bú kàn bái bú kàn
周 亮：那是,过瘾呀! 不看白不看。
Zhou Liang：You can say that again. What a wonderful time! It would be foolish not to watch it.

3. 看足球赛 Watch football games

(On the evening of the final game, Wang Xiaodong and two of his best friends sit in a bar drinking beer while watching the World Cup Final between Italy and France.)

Zhāng Chāo Qí dá nèi zhōng chǎng duàn qiú dài qiú guò rén
张 超：齐达内中 场 断球,带球过人。
Zhang Chao：Zidane tackles at the central field, and dribbled past some players.

HǎoYuèhuá Yì dà lì fàn guī le
郝月华：意大利犯规了。
Hao Yuehua：Italy fouled.

Wáng Xiǎodōng Hǎo cái pànpàn Fǎ guó duì fá diǎn qiú
王 小东：好,裁判判法国队罚点球。
Wang Xiaodong：The referee has given the French team a penalty.

HǎoYuèhuá Piàoliang Qí dá nèi de sháo zi diǎn qiú jìn le
郝月华：漂亮,齐达内的勺子点球,进了。
Hao Yuehua：Nice kick. Zidane's lobbed penalty kick scored a goal.

Wáng Xiǎodōng Kàn Yì dà lì de jiǎo qiú
王 小东：看,意大利的角球。
Wang Xiaodong：Look, Italy's got a corner kick.

HǎoYuèhuá Yǒu xì qiú jìn le Mǎ tè lā qí de tóu qiú pò mén le
郝月华：有戏,球进了。马特拉奇的头球破门了。
Hao Yuehua：There's a possibility. Oh, a goal. Matera-

zzi's header is in.

Zhāng Chāo Yì dà lì méi yòng duō cháng shí jiān jiù bǎ bǐ fēn bǎnpíng le
张 超：意大利没用多长时间就把比分扳平了。

Zhang Chao：Italy didn't take much time to equalize.

Hǎo Yuè huá Jiè wài qiú
郝月华：界外球。

Hao Yuehua：Throw in.

Wáng Xiǎodōng Chuán jìn qù Zhēn xuán zhè qiú nòng bù hǎo jiù chéng wū
王 小东：传进去，真悬，这球弄不好就成乌

lóng qiú le
龙球了。

Wang Xiaodong：Pass back. How dangerous! This
might have been an own goal if not man-
aged well.

Hǎo Yuè huá Jiǎo qiú sòng jìn lái dǎ mén jìn qū li rén tài duō le
郝月华：角球送进来，打门，禁区里人太多了。

Hao Yuehua：A corner kick, shot. Oh, there are too
many people in the penalty area.

Zhāng Chāo Kàn zhè ge qiú Lǐ bèi lǐ yuè wèi
张 超：看这个球，里贝里，越位。

Zhang Chao：Look at this ball. Ribery, offside.

Wáng Xiǎodōng Bèi hòu chōng zhuàng fàn guī
王 小东：背后冲 撞犯规。

Wang Xiaodong：A foul from the back.

Hǎo Yuè huá Hēng lì chōng jìn qù le chuán jìn lái
郝月华：亨利冲进去了，传进来。

Hao Yuehua：Henry is running in. Put the ball in.

Wáng Xiǎodōng Āi yā zhè qiú bèi pò huài diào le
王 小东：哎呀，这球被破坏掉了。

Wang Xiaodong：Oh, the ball was messed up.

Zhāng Chāo Pí yē luó chuán qiú shī wù
张 超：皮耶罗传球失误。

运动口语

Zhang Chao：Piero couldn't pass the ball.

Wáng Xiǎodōng　Āi yā　dǎ gāo le
王　小东：哎呀，打高了。

Wang Xiaodong：Woops, it was kicked too high.

HǎoYuèhuá　Wǒ xiǎng kěn dìngyào jìn rù jiā shí sài le
郝月华：我想 肯 定要进入加时赛了。

Hao Yuehua：I think it surely will go into extra-time.

Wáng Xiǎodōng　Kě néng　Lǐ bèi lǐ　shè mén　āi yō　chà yì diǎnr
王　小东：可能。里贝里，射门，哎哟，差一点儿。

Wang Xiaodong：Maybe. Ribery shoots. Well, off by a
　　　　　　finger's breadth.

Zhāng　Chāo Chuán zhōng　tóu qiú　Qí dá nèi tóu qiú dǎ mén　kě xī ràng
张　超：传 中，头球，齐达内头球打门，可惜让
shǒu mén yuán bǎ qiú tuō chū le qiú mén
守 门 员把球托出了球门。

Zhang Chao：Pass to the middle, heading. Zidane heads
　　　　　　to ball towards the goal, but what a pity. It
　　　　　　was stopped.

Wáng Xiǎodōng　Āi　nǐ kàn zěn me le　chū shén me shì le
王　小东：哎，你看怎么了，出 什么事了？

Wang Xiaodong：Hey, look. What's wrong? Something
　　　　　　　must have happened.

Zhāng　Chāo　Qí dá nèi zhuàng le Mǎ tè lā qí de xiōng kǒu　Zěn me
张　超：齐达内 撞 了马特拉奇的 胸 口。怎么
huì shì zhè yàng
会是这样？

Zhang Chao：Zidane bumped the chest of Materazzi.
　　　　　　How come?

Wáng Xiǎodōng　Ǎ　Qí dá nèi bèi hóng pái fá xià le
王　小东：啊，齐达内被红牌罚下了。

Wang Xiaodong：Well, Zidane has been sent off with a
　　　　　　　red card.

HǎoYuèHuá Yìbǎi yīshí fēn zhōng   tài yí hàn le
郝月华：110 分 钟 ，太遗憾了。
Hao Yuehua：At 110 minutes. What a pity!

Wáng Xiǎodōng Kàn lái yào kào diǎn qiú fēn shèng fù le   xiàn zài hái yǒu bú
王 小东：看来要靠点球分胜负了，现在还有不
　　　　　dào sānshí miǎo
　　　　　到 30 秒。

Wang Xiaodong：It seems that it depends on penalty
　　　　　　　　kicks to distinguish the winner and loser.
　　　　　　　　Now there are 30 seconds left.

（The game goes into a penalty shoot-out.）

HǎoYuèhuá   Dì yī lún dōu fá zhòng le
郝月华：第一轮都罚 中 了。
Hao Yuehua：Both sides scored in the first round of the
　　　　　　penalty shoot-out.

Wáng Xiǎodōng Āi yā méi jìn Dǎ zài mén kuàng shang tán zài le xiàn
王 小东：唉呀，没进。打在门 框 上 弹在了线
　　　　　wài
　　　　　外。

Wang Xiaodong：Oh, it missed. It hit the frame and
　　　　　　　　bounced outside the line.

Zhāng Chāo Sà ní ào ěr   rú guǒ tā fá bú zhòng jiù méi xì le
张 超：萨尼奥尔，如果他罚不 中 就没戏了。
　　　　　　Ō fá zhòng le
　　　　　哦，罚 中 了。

Zhang Chao：Sagnol，it's hopeless if he fails. Oh，he
　　　　　　made it.

Wáng Xiǎodōng Zhè shì dì wǔ lún le   rú guǒ Yì dà lì fá zhòng jiù yíng
王 小东：这是第五轮了，如果意大利罚 中 就赢
　　　　　le
　　　　　了。

Wang Xiaodong：This is the fifth round. If the Italy scores the goal, they'll win.

Zhāng Chāo ō jìn le yì dà lì wǔ fá quán zhòng
张 超：噢，进了，意大利五罚全 中 。

Zhang Chao：Oh, goal. The Italy scored all five goals.

Hǎo Yuè huá Yì dà lì duó dé le shì jiè bēi dì sì gè shì jiè guàn jūn
郝月华：意大利夺得了世界杯第四个世界冠军。

zhè zhēn shì yì chǎng lìng rén zhì xī de diǎn qiú dà zhàn
这真是一场 令人窒息的点球大战。

Hao Yuehua：Italy won the fourth world champion of the World Cup. What a breathless and thrilling penalty shoot-out battle.

Wáng Xiǎo dōng Jīn tiān de jué sài tài chōng mǎn xì jù xìng le
王 小东：今天的决赛太充 满戏剧性了。

Wang Xiaodong：Today's final was too dramatic.

Zhāng Chāo Qí shí Yì dà lì zài jì zhàn shù fāng miàn bù rú fǎ guó
张 超：其实意大利在技战术 方面不如法国，

dàn píng zhe fáng shǒu zǒng suàn dǐng guò qù le
但凭 着防守 总 算 顶过去了。

Zhang Chao：Actually Italy was not as good as France in the fields of technique and strategy. But they succeeded by depending on defense.

Wáng Xiǎo dōng Rú guǒ Hēng lì bú huàn xià qù Qí dá nèi bú bèi fá
王 小东：如果 亨利不换下去，齐达内不被罚

xià jīn tiān de guàn jūn bù yí dìng jiù shì Yì dà lì de
下，今天的 冠军不一定就是意大利的

ne
呢！

Wang Xiaodong：If Henry had not been substituted and Zidane not sent off, today's championship might not have been Italy.

Hǎo Yuè huá Wǒ zhēn wèi Fǎ guó yí hàn na
郝月华：我真为法国遗憾哪！

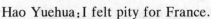

Hao Yuehua：I felt pity for France.

Wáng Xiǎodōng　Zhè jiù shì shì jiè bēi　shén me shì qing　dōu kě néng fā shēng
王 小东：这就是世界杯，什么事情 都可能发生。

Wang Xiaodong：This is the World Cup. Anything can
　　　　　　happen.

词　汇
Vocabulary

对话 1

友谊	yǒuyì/friendship
足球	zúqiú/football
足球盲	zúqiúmáng/know nothing about football
不懂	bùdǒng/not understand
不难	bùnán/ not difficult，not hard
踢	tī/kick
看来	kànlái/it looks as if；appear
一窍不通	yí qiào bù tōng /know nothing about
球员	qiúyuán/ball player
队	duì/team
包括	bāokuò/include；consist
守门员	shǒuményuán /goalie，goalkeeper
位置	wèizhì/position
不同	bùtóng/different
另外	lìngwài/besides，in addition
打平	dǎpíng/end in a draw
加时赛	jiāshísài/extra-time
平局	píngjú/draw

点球　　　diǎnqiú/penalty shoot-out, penalty kick

大战　　　dà zhàn/great battle

球门　　　qiúmén/goal

射门　　　shè mén/shoot

禁区　　　jìnqū/penalty area

带球　　　dàiqiú/take the ball

过人　　　guòrén/dribble past

碰　　　　pèng/touch

手　　　　shǒu/hand

头顶　　　tóu dǐng/head

角球　　　jiǎoqiú/corner kick

头球　　　tóuqiú/head the ball；header

对话 2

看球　　　kàn qiú/watch a ball game

听说　　　tīngshuō/hear；hear about（of）

轻松　　　qīngsōng/easy

击败　　　jī bài/beat

风度　　　fēngdù/air，style

以前　　　yǐqián/before

不过　　　búguò/but then

发胖　　　fāpàng/gain weight

肥　　　　féi/fat

过去　　　guòqu/past

快　　　　kuài/fast，quick

佩服　　　pèifú/admire

本领　　　běnlǐng/ability，skill

相当　　　xiāngdāng/relatively，rather

拿冠军　　ná guànjūn/win the championship

势头　　　shìtóu/impetus，trend

猛　　　　měng/strong

说不定　　shuōbudìng/perhaps，maybe，possibly

希望　　　xīwàng/hope

意外　　　yìwài/unexpected affair，suddenness

铁杆球迷　tiěgǎnqiúmí/faithful football fan

支持　　　zhīchí/support

被淘汰　　bèi táotài/be washed out

哭　　　　kū/cry

粉丝　　　fěnsī/fan

伪球迷　　wěi qiúmí/fake football fan

帅哥　　　shuàigē/handsome young man

决赛　　　juésài/final

好戏　　　hǎoxì/good play

对话 3

中场断球　zhōngchǎng duànqiú/tackle in midfield

带球过人　dài qiú guò rén/dribble past

犯规　　　fànguī/foul

裁判　　　cáipàn/referee

破门　　　pòmén/break the goal；goal

比分　　　bǐfēn/score

扳平　　　bānpíng/equalize the score

界外球　　jièwàiqiú/throw-in

悬　　　　xuán/dangerous

乌龙球　　　wūlóngqiú/own goal
越位　　　　yuèwèi/offside
传球失误　　chuánqiú shīwù/miss a pass
高　　　　　gāo/tall
传中　　　　chuán zhōng/pass to the center
可惜　　　　kěxī/pity
撞　　　　　zhuàng/bump
红牌　　　　hóngpái/red card
罚下　　　　fáxià/sent off
遗憾　　　　yíhàn/pity
胜负　　　　shèngfù/victory or defeat；win or lose
弹　　　　　tán/bound
夺得　　　　duódé/take，win
世界冠军　　shìjiè guànjūn/World Champion
令人窒息　　lìng rén zhì xī/breathless，choking
充满　　　　chōngmǎn/full of
戏剧性　　　xìjùxìng/dramatic
不如　　　　bùrú/ not as good as
防守　　　　fángshǒu/defense
顶过去　　　dǐng guòqù/go through
发生　　　　fāshēng/happen

相关用语
Relevant Expressions

zhōngchǎng　zhōng lù
◉ 中 场 （中 路）
center（midfield）

yòubiānfēng
◉ 右边锋
right winger

yòuqiánfēng
◉ 右前锋
right forward

zhōngfēng
◉ 中 锋
center forward

zuǒqiánfēng
◉ 左前锋
left forward

zuǒbiānfēng
◉ 左边锋
left winger

sì fēn zhī yī jué sài
◉ 四分之一决赛
quarter-final

bàn jué sài
◉ 半决赛
semi-final

shàng xià bàn chǎng
◉ 上 （下）半 场
first（second）half

运动口语

tū pò
◉ 突破
break through

rén qiáng
◉ 人墙
wall

kāi qiú
◉ 开球
kick-off

héng duǎn biān jiè chuán
◉ 横（短，边界）传
cross（short, flank）pass

chǎn qiú
◉ 铲球
sliding tackle

dào gōu qiú
◉ 倒勾球
overhead kick

zhí jiē jiàn jiē qiú
◉ 直接（间接）球
direct（indirect）kick

tī chū jiè
◉ 踢出界
kick-out

dìng wèi qiú
◉ 定位球
place kick

72

● rèn yì qiú
任意球
free kick

● zhì jiè wài qiú
掷界外球
throw in

● jǐn dīng　rén zhàn shù
紧盯(人战术)
close watch

● chángchuán tū pò
长 传 突破
long pass breakthrough

● chén dǐ chuán zhōng
沉底传 中
bottom line pass to the center

语言文化小贴士
Language Tips

1. 一窍不通

"窍"指"窟窿"。"一窍不通"字面意思就是没有一个窟窿是通的,比喻一点儿都不懂。当用"开窍"时,字面意思就是把窟窿打开了,表示"明白、懂了、想通了"。

Know nothing about

The word "qiào" means "hole". "yí qiào bù tōng" literally means there is no hole in it, a metaphor for one who doesn't know anything about something. When using "kāi qiào", it literally means opening a hole, and often refers to "understand, be enlightened, become convinced".

2. 不看白不看

　　"不……白不 ……"是一种常见的口语短语形式,表示一种不用花钱就能得到的东西,常用来表示一种占便宜的心理。使用时在两个"不"后加相同的动词,如"不说白不说","不玩儿白不玩儿","不学白不学","不拿白不拿"。

It's foolish not to watch

　　"bù… bái bù…" is a common colloquial phrase referring something can be received without spending money, a phrase to reflect one's psychology of gaining extra advantages. When using the phrase, two same verb should be put after two "bù" words, for example, "bù shuō bái bù shuō" (it's foolish if you don't say it), "bù wánr bái bù wánr"(it's foolish if you don't play), "bù xué bái bù xué"(it's foolish if you don't learn) "bù ná bái bù ná" (it's foolish if you don't take it).

例1:他主动给你钱干吗不要呢? 不要白不要。

　　He was willing to give you money, why didn't you take it? It's foolish if you don't take it.

例2:我们公司组织去海南玩儿,我得去,这么好的事不去白不去。再说又不用花自己的钱。

　　Our company organized a trip to Hainan. I have to go. It's such a good thing and I'll be foolish if I don't go. Moreover, it won't cost me money.

说真的，决赛一定得看，那可是好戏，四年才一次的哟。

那是，过瘾呀！不看白不看。

3. 没戏/有戏

"戏"原指"戏剧"。"有戏"和"没戏"最早的意思是指戏剧表演吸引人和不吸引人，后来发展成俚语，表示"有希望"和"没有希望"。

Hopeless and hopeful

The "xì" literally means "drama". "yǒu xì" and "méi xì" originally refer to an interesting performance and a dull and uninteresting performance. Later they developed into slang referring to "hopeful, have possibilities" and "hopeless, have no possibility".

足球小知识

足球的起源有两种不同的说法，一种说法是起源于中国，另一种说法是起源于古希腊。

中国古代就有足球了，只不过最早称为"蹴鞠"或"蹋

运动口语

鞠","蹴"和"蹋"都是踢的意思,而"鞠"则是球名。"蹴鞠"在唐宋时期开始盛行,成为宫廷之中的高雅活动。但是这一活动未能发展起来。

古希腊的足球其实最早就是一种类似今天手球的游戏,是罗马人在此基础上发展成为一种足球运动。随着罗马人征服欧洲,这一运动便在英伦三岛流传开来,并演变成一种比赛形式。据说那时使用的球是战俘的头颅,以后改用牲畜的膀胱冲气做成的球。这种球有一定的弹性,可拍,可踢,这便是早期的足球了。

There are two different views on the origin of football, one is from China, another is from ancient Greece.

China has had football since ancient times, but it was called "cù jū" or "tà jū" in the earliest days. Both "cù" and "tà" mean kick, while "jū" is the name of the ball. "cù jū" was a popular game starting from the Tang and Song dynasties and became an elegant activity in the royal court. But such activity didn't develop.

The football in ancient Greek was actually a game similar to today's handball in the earliest days. It was the Romans who developed it into a football activity based on the Greek's game. Along with the Romans conquering Europe, this activity spread quickly in Britain and evolved into a competitive form. It's said that the ball used at the time was originally heads of prisoners of war. Later it was changed into a ball made of livestock's bladder which was inflated with gas. This kind of ball was flexible, could be patted and kicked. That was the earliest football.

1. 根据课文选择适当的词语完成句子或对话。Choose the right words to complete sentences or dialogues below according to the text.

1) A：你喜欢足球吗？

   B：因为看不懂,所以就_____。

   a. 过瘾　　　　　b. 最喜欢　　　　　c. 不喜欢

2) A：足球比赛几个人踢呀？

   B：看来你对足球真是_____。

   a. 一窍不通　　　b. 明白　　　　　　c. 了解

3) 德国队真棒,到目前为止,一场没_____!

   a. 胜过　　　　　b. 输过　　　　　　c. 赢过

4) 看得出来,你是他们的铁杆_____。

   a. 球迷　　　　　b. 球员　　　　　　c. 球友

5) 如果可以用手就不是足球了,那就是_____了。

   a. 角球　　　　　b. 手球　　　　　　c. 棒球

2. 选择适当的词语完成句子。Choose the right words given below to complete sentences.

就进了　　红牌　　快　　你是他们的　　我看这球

1) _____没戏。

2) 差一点儿_____。

3) _____罚下。

4) _____打门。

5) _____粉丝。

排 球

Unit 4 Volleyball

必备用语
Key Expressions

shǒu xià liú qíng
● 手下留情
hold one's hand

Zhè shì jī běngōng
● 这是基本功。
These are basic skills.

Chà bu duō kě yǐ zhè yàng shuō
● 差不多可以这样说。
You could say that again.

Wǒ xiān lái shì fàn yí xià
● 我先来示范一下。
Let me demonstrate first.

Kàn zhe róng yì zuò qǐ lái nán
● 看着容易，做起来难。
Easy to see, hard to do.

Wǒ xǐ huan kàn bǐ sài
● 我喜欢看比赛。
I love to watch matches.

Zhè ge qiú tài kuài le
◉ 这个球太快了。

This ball is too quick.

Zhè yàng de qiú cái yǒu kàn tou
◉ 这样的球才有看头。

This kind of ball game is exciting.

情景对话
Situational Dialogues

1. 学排球（一）Learning volleyball（1）

（On the playground a class is having physical training.）

Tǐ yù lǎo shī   Jīn tiān wǒ men shàng pái qiú kè
体育老师：今天我们上排球课。

Teacher：Today we'll have volleyball class.

Zhào Mǐn Āi yā yòu shàng pái qiú kè wǒ hèn sǐ pái qiú le
赵　敏：哎呀，又上排球课，我恨死排球了。

Zhao Min：Oh，volleyball class again． I just hate it.

Lǐ Míng Wèi shén me
李　明：为什么？

Li Ming：Why？

Zhào Mǐn Diàn qiú shí dǎ de gē bo hǎo téng
赵　敏：垫球时打得胳膊好疼。

Zhao Min：It hurts my arms very much when digging
　　　　the ball

Lǐ Míng Nà shì liàn de shǎo liàn duō le jiù xí guàn le
李　明：那是练得少，练多了就习惯了。

Li Ming：That means you lack practice． You'll be used
　　　　to it after practicing more.

Tǐ yù lǎo shī Xiàn zài hái shì liǎng rén yì zǔ xiān liàn xí diàn qiú rán hòu
体育老师：现在还是两人一组，先练习垫球，然后

zài liàn xí tuō qiú
再练习托球。

Teacher: Now practice in pairs, first digging the ball, then setting the ball.

Zhào   Mǐn   Tuō qiú yě bù hǎo wánr   nòng bù hǎo jiù bǎ shǒu zhǐ gěi chuō
赵　敏：托球也不好玩儿，弄不好就把手指给戳
　　　　le
　　　　了。

Zhao Min: Setting the ball is no fun. It can sprain my fingers if not done well.

Lǐ   Míng Méi shì   zán men jù   lí bié tài yuǎn   qīng yì diǎnr   liàn
李　明：没事，咱们距离别太远，轻一点儿练。

Li Ming: It doesn't matter. We won't stand too far apart, and practice gently.

Zhào   Mǐn   Hǎo ba   Nǐ shǒu xià liú qíng ya
赵　敏：好吧。你手下留情呀。

Zhao Min: OK. Please hold your hand.

Lǐ   Míng Chéng   Nǐ zhī dào ma   Diàn qiú hé tuō qiú dōu shì pái qiú de
李　明：成。你知道吗？垫球和托球都是排球的
　　　　jī běn gōng
　　　　基本功。

Li Ming: OK. Do you know digging the ball and setting the ball are the basics of volleyball.

Zhào   Mǐn   Jiù xiàng lán qiú de chuán qiú hé yùn qiú shì de
赵　敏：就像篮球的传球和运球似的？

Zhao Min: Is it similar to passing the ball and dribbling of basketball?

Lǐ   Míng Shì de   Diàn qiú dà duō shì zài jiē duì fāng fā qiú shí yòng
李　明：是的。垫球大多是在接对方发球时用，
　　　　yì bān dōu shì yóu yī chuán diàn gěi èr chuán shǒu
　　　　一般都是由一传 垫给二传手。

Li Ming: Yes. Digging is mostly used in receiving the

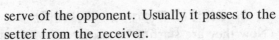

serve of the opponent. Usually it passes to the setter from the receiver.

Zhào Mǐn Nà shén me shí hòu yòng tuō qiú ne
赵　敏：那什么时候用托球呢？

Zhao Min：When is setting the ball hused?

Lǐ　Míng Tuō qiú duō shì èr chuán shǒu bǎ qiú chuán gěi zhǔ gōng shǒu
李　明：托球多是二传手把球传给主攻手。
Suǒ yǐ èr chuán shǒu hěn zhòng yào
　　　　所以，二传手很重要。

Li Ming：It is often used to pass the ball to the main attacker from the setter. So a setter is very important.

Zhào Mǐn Wǒ gǎn jué yì bān pái qiú duì de duì zhǎng dōu shì èr chuán
赵　敏：我感觉一般排球队的队长都是二传
shǒu Shì bu shì yīn wèi èr chuán shǒu de jì shù shì zuì hǎo
　　　　手。是不是因为二传手的技术是最好
de
的？

Zhao Min：I feel that the head of a volleyball team is usually the setter. Is it because the setter's skills are the best.

Lǐ　Míng Chā bù duō kě yǐ zhè yàng shuō Zài bǐ sài shí èr chuán
李　明：差不多可以这样说。在比赛时，二传
shǒu hái shi yí gè duì de chǎng shang hé xīn na
　　　　手还是一个队的场上核心哪。

Li Ming：Almost, you could say that. During a match, a setter is also the core of a team on the field.

Zhào Mǐn ō
赵　敏：噢。

Zhao Min：Oh, I see.

2. 学排球(二) Learning volleyball (2)

(Now they are starting to practice serving and receiving the serve.)

Tǐ yù lǎo shī　Pái qiú de fā qiú yǒu hěn duō zhǒng　zuì jī chǔ de shì xià
体育老师：排球的发球有很多种，最基础的是下

fā qiú　Cǐ wài hái yǒu shàng fā qiú tiào fā qiú děng
发球。此外，还有上发球，跳发球等

deng
等。

Teacher：Volleyball serving has many kinds, and the most basic is lower serving. Besides, there are higher serving, jump serving and so on.

Zhào　Mǐn　Wǒ men jīn tiān xué nǎ zhǒng
赵　敏：我们今天学哪种？

Zhao Min：Which kind are we learning today?

Tǐ yù lǎo shī　Dāng rán shì xià fā qiú le　Wǒ xiān lái shì fàn yí xià
体育老师：当然是下发球了。我先来示范一下。

Pāo qiú　yòu shǒu xiàngqián jī qiú
抛球，右手向前击球。

Teacher：The lower serving, of course. Let me demonstrate first. Throw the ball up, hit the ball moving the right hand forward.

Zhào　Mǐn　Zhè tài róng yì le　gěi wǒ men kàn yí xià shàng fā qiú hé tiào
赵　敏：这太容易了，给我们看一下上发球和跳

fā qiú shì shén me yàng de　hǎo ma
发球是什么样的，好吗？

Zhao Min：This is so easy. Show us what higher serving and jump serving ate, will you?

Tǐ yù lǎo shī　Kě yǐ　qiáo zhe pāo qiú　yòu shǒuwàn xiàngqián kòu
体育老师：可以，瞧着，抛球，右手腕向前扣。

Teacher：Certainly. Look, throw the ball up, smash the ball with the right wrist.

Xuésheng yī　Zhè bù shì kòu qiú ma
学生 1：这不是扣球吗?

Student 1：Isn't it a drop shot?

Tǐ yù lǎo shī　Duì ya　suǒ yǐ zhè zhǒng fā qiú bǐ xià fā qiú lì hài
体育老师：对呀，所以这 种 发球比下发球厉害。

Teacher：Yes. So this serve is heavier than lower serve.

Zhào　Mǐn　Nà tiào fā qiú shì bú shì　lì liàng gèng dà
赵　敏：那跳发球是不是力量 更大?

Zhao Min：Then isn't the jump serve more powerful?

Tǐ yù lǎo shī　Méi cuò　suǒ yǐ bǐ sài shí　duō shù dōu cǎi yòng tiào fā
体育老师：没错，所以比赛时，多数都采用 跳发

　　　　　 qiú　tè bié shì nán duì
　　　　　球，特别是男队。

Teacher：Right. So in a match jump serve is mostly
　　　　　used, especially the men's teams.

Xuésheng èr　Tiào fā qiú de zuò yòng shì shén me ne
学生 2：跳发球的作用是什么呢?

Student 2：What's the effect of the jump serve?

Tǐ yù lǎo shī　Zhǔ yào shì pò huài duì fāng de　yī chuán　ràng duì fāng de　jìn
体育老师：主要是破坏对方的一传，让对方的进

　　　　　 gōng shòu dào yǐng xiǎng　Hǎo le　xiàn zài hái shì liǎng rén
　　　　　攻受到影响。好了，现在还是两人

　　　　　 yì zǔ kāi shǐ liàn xí fā qiú hé jiē qiú ba
　　　　　一组开始练习发球和接球吧。

Teacher：It mainly takes out the receiver of the oppo-
　　　　　nent, and affects their attack. Well, now prac-
　　　　　tice in pairs once again to serve and receive
　　　　　the serve.

Zhào　Mǐn　Wǒ fā　nǐ jiē　Āi yō　fā wāi le　Zěn me huí shì
赵　敏：我发，你接。哎哟，发歪了。怎么回事?

　　　　　 Yòu fā wāi le
　　　　　又发歪了。

Zhao Min：I'll serve and you receive. Woops, it went aside. What's wrong? It went aside again.

Lǐ Míng Zhè jiào kàn zhe róng yì   zuò qǐ lái nán
李　明：这叫看着容易，做起来难。

Li Ming：This is called easy to see, hard to do.

Zhào Mǐn Kàn qiú shí   duì yuán fā qiú shī wù   wǒ zǒng ài shuō rén jiā chòu
赵　敏：看球时，队员发球失误，我总爱说人家臭

　　　　qiú zhè huí lún dào zì jǐ le
　　　　球，这回轮到自己了。

Zhao Min：When watching a match, I always say bad
　　　　　　ball when one's serve fails. Now it's my turn.

Lǐ Míng Gàn shén me dōu bù róng yì
李　明：干什么都不容易。

Li Ming：It's not easy to do anything.

Zhào Mǐn Xiàn zài wǒ xìn le
赵　敏：现在我信了。

Zhao Min：Now I believe it.

3. 看比赛 Watching a volleyball match

（During the China University Volleyball Association League matches, Li ming and Zhao Min go to watch the match.）

Zhào Mǐn Wǒ xǐ huan kàn bǐ sài   tè bié shì qiáng duì zhī jiān de bǐ sài
赵　敏：我喜欢看比赛，特别是强队之间的比赛。

Zhao Min：I love to watch matches, especially matches
　　　　　　between strong teams.

Lǐ Míng Wǒ xiǎng rèn hé rén dōu shì   zhè yàng de qiú cái yǒu kàn tóu
李　明：我想任何人都是，这样的球才有看头。

Li Ming：I think everyone does, because this kind of
　　　　　ball game is exciting.

Zhào Mǐn Xiàn zài shì shàng hǎi duì fā qiú
赵　敏：现在是上海队发球。

Zhao Min：Now it's Shanghai team to serve.

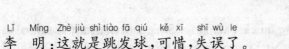

Lǐ　Míng　Zhè jiù shì tiào fā qiú　kě xī　shī wù le
李　明：这就是跳发球，可惜，失误了。

Li Ming：That was a jump serve. But it's a shame. It
　　　　failed.

Zhào　Mǐn　Fā qiú shī wù duì fāng dé fēn ma
赵　敏：发球失误对方得分吗？

Zhao Min：Does the opponent score if a serve fails?

Lǐ　Míng　Duì　　Běi jīng duì kòu qiú　ràng duì fāng shuāng rén lán wǎng gěi
李　明：对。北京队扣球，让对方双人拦网给

lán huí lái le
拦回来了。

Li Ming：Yes. Beijing team made a drop shot, but it was
　　　　blocked back by the opponent's double block.

Zhào　Mǐn　Shíjiǔ bǐ shísì　Shàng hǎi duì lǐngxiān wǔ fēn
赵　敏：19比14，上海队领先5分。

Zhao Min：19 to 14. Shanghai team leads by five points.

Lǐ　Míng　Běi jīng duì de yī chuán bú shì hěn hǎo　sān hào wèi qiánggōng dé
李　明：北京队的一传不是很好，三号位强攻得

fēn
分。

Li Ming：The receiving of Beijing team is not very
　　　　good. The attack at the third position
　　　　scored.

Zhào　Mǐn　Yí gè duì yǒu jǐ gè gōng qiú shǒu
赵　敏：一个队有几个攻球手？

Zhao Min：How many attackers does one team have?

Lǐ　Míng　Yì bān shì yí gè zhǔgōng hé liǎng gè zhùgōng　Shàng hǎi duì
李　明：一般是一个主攻和两个助攻。上海队

de kuài qiú　Běi jīng duì bǎo hù　　Kòu qiú　Shàng hǎi duì dǎ shǒu
的快球，北京队保护。扣球，上海队打手

chū jiè
出界。

Li Ming：Usually one main attacker and two assists. A

quick ball from Shanghai, Beijing team saves it. Drop shot, it hits a hand of the Shanghai team and bounces out.

Zhào   Mǐn Shíqī bǐ èrshí   Běi jīng duì hái luò hòu sān fēn
赵   敏：17比20，北京队还落后3分。

Zhao Min：17 to 20. Beijing team is still losing by three points.

Lǐ   Míng Èr hào wèi de hòu pái gōng   Běi jīng duì de fáng shǒu bú dào wèi
李   明：2号位的后排攻，北京队的防守不到位。

zhè gè qiú tài kuài le
这个球太快了。

Li Ming：Rear attack at the second position. Beijing team's defense is not there. This ball is too quick.

Zhào   Mǐn Pái qiú dǎ jǐ jú
赵   敏：排球打几局？

Zhao Min：How many games are played in volleyball?

Lǐ   Míng wǔ jú sān shèng   Běi jīng duì qián liǎng pán líng bǐ èr luò hòu
李   明：五局三胜。北京队前两盘0比2落后，

zhè pán rú guǒ ná bú xià lái   jiù shū le
这盘如果拿不下来，就输了。

Li Ming：It's best out of five. Beijing team falls behind by 0 to 2 in the previous two games. If this game is not won, it will lose the match.

Zhào   Mǐn Zhè gè qiú shì gǔn wǎng guò lái de   bù chóng xīn fā qiú ma
赵   敏：这个球是滚网过来的，不重新发球吗？

Zhao Min：This ball hits the net. Do they serve once again?

Lǐ   Míng Bù   tā bú xiàng pīngpāng qiú
李   明：不，它不像乒乓球。

Li Ming：No, it isn't like table tennis.

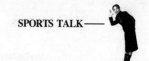

Zhào Mǐn Wā zhè gè qiú dòng zuò zhēn kuài
赵　敏：哇，这个球动作真快。
Zhao Min：Whoa，this action is so quick.

Lǐ Míng Èrshísì bǐ shíjiǔ Shànghǎi duì ná dào le sài diǎn
李　明：24 比19，上海队拿到了赛点。
Li Ming：24 to 19，Shanghai team has a game ball.

Zhào Mǐn Zhè me shuō tā men zài ná yì fēn jiù yíng le
赵　敏：这么说，他们再拿一分就赢了。
Zhao Min：That means they will win if they get another point.

Lǐ Míng Duì Shànghǎi duì kòu qiú Běi jīng duì lán wǎng dé fēn èrshíèr
李　明：对。上海队扣球，北京队拦网得分22
bǐ èrshísì
比 24 。
Li Ming：Right. Shanghai team spiked and Beijing team blocked and scored 22 to 24.

Zhào Mǐn Yǐ jīng duó huí sān gè qiú le
赵　敏：已经夺回3个球了。
Zhao Min：They have already gained three points back.

Lǐ Míng Hái shì wǔ hào fā qiú Shànghǎi duì qiánggōng qiú chū jiè le
李　明：还是5号发球，上海队强攻，球出界了，
Běi jīng duì zài dé yì fēn èrshísān bǐ èrshísì
北京队再得一分 23 比 24 。
Li Ming：It's also No. 5 who serves. Shanghai team attacks and the ball goes out. Beijing team gained one point 23 to 24.

Zhào Mǐn Guānjiàn de yì fēn a Běi jīng duì hǎohǎor dǎ
赵　敏：关键的一分啊，北京队好好儿打。
Zhao Min：It's the crucial point. Beijing team must play carefully.

Lǐ Míng Shànghǎi duì dǎ le yí gè duǎnpíngkuài dé fēn Shànghǎi
李　明：上海队打了一个短平快，得分。上海

duì yíng le dì sān jú
队赢了第三局。

Li Ming: Shanghai team played a quick spike from flat short set, and scored. Shanghai team won the third set.

Zhào　Mǐn　Xiàn zài wǒ duì pái qiú yǒu xiē gǎn jué le
赵　敏：现在我对排球有些感觉了。

Zhao Min: Now I have got some feelings about volleyball.

词　汇
Vocabulary

对话1

排球课	páiqiú kè/volleyball class
恨	hèn/hate
垫球	diànqiú/dig the ball
胳膊	gēbo/arm
疼	téng/pain
练(习)	liàn (xí)/practice
少	shǎo/little, few
多	duō/more, much
习惯	xíguàn/be used to, beaccustomed to
再	zài/again
托球	tuō qiú/set the ball
手指	shǒuzhǐ/finger
戳	chuō/sprain
远	yuǎn/far
轻	qīng/light

手下留情	shǒu xià liú qíng/hold one's hand
基本功	jī běn gōng/basic skill
大多	dàduō/most; mostly
接	jiē/receive
对方	duìfāng/the other side, opponent
发球	fāqiú/serve
很重要	hěn zhòngyào/very important
感觉	gǎnjué/feel
队长	duìzhǎng/header; team leader
技术	jìshù/technique, skill
最好的	zuìhǎo de/the best

对话 2

下发球	xià fāqiú/underarm (underhand) serve
上发球	shàng fāqiú/overhand serve
跳发球	tiào fāqiú/jump serve
示范	shì fàn/demonstrate
抛球	pāoqiú/cast the ball
右手	yòushǒu/right hand
向前	xiàng qián/forward
击球	jī qiú/smash (hit) the ball
太容易	tài róngyì/too easy
瞧	qiáo/look
扣球	kòu qiú/smash
厉害	lìhai/strong, heavy
力量	lìliàng/strength
更大	gèng dà/bigger, stronger

多数	duō shù/most of；majority；mostly
采用	cǎiyòng/adopt，use
男队	nánduì/man's team
作用	zuòyòng/effect
受影响	shòu yǐngxiǎng/be influenced；affect
歪	wāi/slanting
难	nán/hard，difficult
发球失误	fāqiú shīwù/fail in serving
说	shuō/say
人家	rénjiā/others
臭球	shòu qiú/bad ball
轮到	lúndáo/turn to；turn
信	xìn/believe

对话 3

任何人	rènhérén/anybody，anyone
失误	shīwù/fail；turnover
得分	défēn/score；point
双人拦网	shuāngrén lánwǎng/double block
领先	lǐngxiān/lead
强攻	qiánggōng/attack by force
攻球手	gōng qiú shǒu/attacker；spiker
主攻	zhǔgōng/main attack
助攻	zhùgōng/assist
快球	kuàiqiú/quick spike
保护	bǎo hù/protect；secure；back up
打手出界	dǎshǒu chūjiè/touch hand out

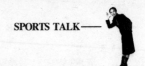

落后	luò hòu/fall behind
后排攻	hòupáigōng/back line offence /back row attack
局	jú/set
五局三胜	wǔ jú sān shèng/best out of five
盘	pán/game，match
滚网	gǔn wǎng/net
重新	chóngxīn/over again
一传到位	yī chuán dào wèi/pass to the spot
动作	dòngzuò/action
夺回	duóhuí/gain back
关键的	guānjiàn de/crucial
短平快	duǎnpíngkuài/quick-B，quick spike from flat short set

相关用语
Relevant Expressions

pái qiú yùn dòng yuán
◉ 排球运动员
volleyball player

qiú wǎng
◉ 球网
net

zì yóu rén
◉ 自由人
the libero player

bèi chuán

◉ 背 传

back pass, back set

píngchuán

◉ 平 传

set attack

gāodiǎn kòu qiú

◉ 高点扣球

high spike

zhòng kòu

◉ 重 扣

hard spike; powerhouse smash

xié xiàn kòu qiú

◉ 斜线扣球

oblique spike; cross spike; crosscourt spike

zhí xiàn kòu qiú

◉ 直线扣球

straight spike; line shot

wèi zhì chā

◉ 位置差

quick slide

shí jiān chā

◉ 时间差

pump; delayed spike

jiù qiú

◉ 救球

dig

diào qiú
◉ 吊球
punching ball

jìn gōng
◉ 进攻
attack

hòu pái jìn gōng
◉ 后排进攻
back line offence，back row attack

hòu pái bǎo hù
◉ 后排保护
back up

shàng shǒu piāo qiú
◉ 上 手 飘球
overhand float

lán wǎng dé fēn
◉ 拦 网 得分
block point

语言文化小贴士
Language Tips

1. 短平快

　　"短平快"原为排球中的技战术，指打出的球时间短、出球不高，而且速度很快。后来常用于形容生产周期短，销路好，资金回笼快的产品。

　　The term "duǎn píng kuài" is a technique of volleyball. It refers to play a quick spike from a flat short set. Later it became used as a metaphor for a product with short production period, good market and fast capital return.

2. 感觉

"感觉"可以用作名词和动词,在对话中作名词,表示"明白、了解。"此外,还有"反映、兴趣",如:"我跟他相处了这么长时间,怎么对他这个人就没有什么感觉呢?"在口语中常用的搭配有:"找感觉","有些感觉","找到点儿感觉","没有感觉"等。

The word "gǎnjué" can be used as a noun and a verb. In the dialogue it is used as a noun to refer to "understand, know" and so on. Besides, it can also refer to "reflection, interest." For example, I have got along with him for such a long time, but how come I haven't had any interest in him? In spoken language set phrases include "zhǎo gǎnjué", "yǒu xiē gǎnjué", "zhǎodào diǎnr gǎnjué", "méiyǒu gǎnjué" and so on.

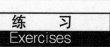

1. 根据课文选择适当的词语完成句子或对话。Choose the right words to complete sentences or dialogues below according to the text.

1）托球也不好玩儿，_____就把手指给戳了。

    A. 弄不好   B. 最后   C. 大多

2）因为二传手的技术是_____。

    A. 最好的   B. 最后的   C. 最高的

3）上海队_____4 分。

    A. 得分   B. 发球   C. 领先

4）可惜，_____了。

    A. 失误   B. 赢   C. 传球

5）上海队强攻，球_____了。

    A. 界外   B. 界内   C. 出界

2. 下列哪些词语不是排球用语。Which of the following are not volleyball terms?

1）扣球

2）铲球

3）吊球

4）快球

5）带球

运动口语

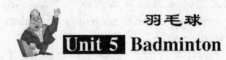

羽毛球

Unit 5 Badminton

Jīn tiān de tiān qì zhēn hǎo zán men dǎ yǔ máo qiú qù ba
● 今天的天气真好,咱们打羽毛球去吧。
It's a good day today. Let's go and play badminton.

Nǐ huì dǎ ma
● 你会打吗?
Do you know how to play?

Yǒu diǎnr huǎng yǎn
● 有点晃眼。
It's a little bit dazzling.

Nà jiù duō liàn ma
● 那就多练嘛。
Practice more then.

Shuō de hǎo
● 说得好。
You bet.

Wǒ tīng shuō yǔ máo qiú shì Yīng guó rén fā míng de
● 我听说羽毛球是英国人发明的。
I've heard badminton was invented by the British.

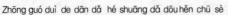

羽毛球 Badminto

Zhōng guó duì de dān dǎ hé shuāng dǎ dōu hěn chū sè
◉ 中 国队的单打和 双 打都很出色。
Chinese teams are good at both singles and doubles.

Zhè kě bù néng bú kàn
◉ 这可不能不看。
This cannot be missed.

Hǎo qiú tóu dǐng de pī shā dé fēn
◉ 好球，头顶的劈杀得分。
Good，an overhead strike won a point.

Zhēn jīng cǎi zhè qiú kàn de cái dài jìn
◉ 真 精彩！这球看得才带劲。
How exciting! This game was amazing.

情景对话
Situational Dialogues

1. 打羽毛球 Play badminton

（A Sunday afternoon at the dormitory of a university.）

Lù Yī jùn Jīn tiān de tiān qì zhēn hǎo zán men dǎ yǔ máo qiú qù ba
陆一俊：今天的天气真 好，咱们打羽毛球去吧。
Lu Yijun：It's a good day today. Let's go and play
badminton.

Lǐ Míng Shì a méi fēng Bú guò wǒ hái yǒu hěn duō zuò yè méi zuò
李 明：是啊，没风。不过，我还有很多作业没做
wán ne
完呢。
Li Ming：Yeah，there's no wind. But I have lots of
homework to do.

Lù Yī jùn Xiū xi yí huìr huí lái zài zuò xiào guǒ huì gèng hǎo
陆一俊：休息一会儿，回来再做效果会更 好。
Lu Yijun：Take a break. It would be better if you

did it after coming back.

　Lǐ　Míng　Hǎo　tīng nǐ de　　Nǐ yǒu qiú pāi ma
李　明：好，听你的。你有球拍吗？

Li Ming：OK. I'll listen to you. Do you have rackets?

　Lù Yī jùn　Wǒ gāng mǎi de　qiú pāi hé qiú dū mǎi le　Zài bú duàn liàn
陆一俊：我刚买的，球拍和球都买了。再不锻炼

　　　shēn tǐ jiù kuǎ le
　　身体就垮了。

Lu Yijun：I've just bought a pair. I've got both rackets and shuttlecocks. My body will be in trouble if I don't do exercises any more.

　Lǐ　Míng　Nǐ huì dǎ ma
李　明：你会打吗？

Li Ming：Do you know how to play?

　Lù Yī jùn　Wǒ huì yì diǎnr　néng dǎ dào qiú　Nǐ ne
陆一俊：我会一点儿，能打到球。你呢？

Lu Yijun：I know a little，I can hit the shuttlecock. What about you?

　Lǐ　Míng　Wǒ　hái xíng　bǐ nǐ qiáng diǎnr　néng kòu gè qiú shén me
李　明：我，还行，比你强点儿，能扣个球什么

　　　de
　　的。

Li Ming：Me，just so so. Perhaps better than you. I can smash.

　Lù Yī jùn　Jiù zài zhèr　dǎ ba　zhōu wéi méi yǒu fáng zi hé shù
陆一俊：就在这儿打吧，周围没有房子和树。

Lu Yijun：Let's play right here. There are no houses or trees around.

　Lǐ　Míng　Āi yō　wǒ zhè biān chōng zhe tài yáng　yǒu diǎnr　huǎng yǎn
李　明：哎哟，我这边冲着太阳，有点儿晃眼，

　　　tè bié shì nǐ tiǎo gāo qiú de shí hou　wǒ jiù kàn bu jiàn le
　　特别是你挑高球的时候，我就看不见了。

Li Ming: Oh, I'm facing the sun. It's a little bit dazzling, and I can't see the shuttlecock especially when you hit a lob.

Lù Yī jùn Nà wǒ men cè guò lái yì xiē zhè yàng shì bu shì hǎo duō le
陆一俊:那我们侧过来一些,这样是不是好多了?

Lu Yijun: Well, we can play in this direction. Isn't it much better now?

Lǐ Míng Ng Wǒ jué dé dǎ yǔ máo qiú tǐng róng yì de
李 明:嗯。我觉得打羽毛球挺容易的。

Li Ming: Hum. I think playing badminton is pretty easy.

Lù Yī jùn Kě dǎ hǎo le jiù nán le yǒu hǎo duō jì shù na Wǒ de fǎn
陆一俊:可打好了就难了,有好多技术哪。我的反
shǒu qiú jiù dǎ bù hǎo
手球就打不好。

Lu Yijun: But it's hard to play well. There are a lot of techniques. I can't play backhand well.

Lǐ Míng Nà jiù duō liàn ma wǒ péi nǐ zhǐ yào nǐ bù xián qì wǒ shuǐ
李 明:那就多练嘛,我陪你,只要你不嫌弃我水
píng dī jiù xíng
平低就行。

Li Ming: Practice more then. I can keep you company as long as you don't care about inferior level.

Lù Yī jùn Nǎ néng ne Wǒ men tú de bú jiù shì gè duàn liàn ma
陆一俊:哪能呢? 我们图的不就是个锻炼嘛!

Lu Yijun: How can I? We only intend to do some exercise to get fit. That's all.

Lǐ Míng Shuō de hǎo
李 明:说得好。

Li Ming: You bet.

运动口语

2. 谈论羽毛球 Talking about badminton

(The two get tired from playing, so they sit down to have a rest.)

Lù Yī jùn Āi Nǐ shuō yǔ máo qiú shì shéi fā míng de
陆一俊：哎，你说羽毛球是谁发明的？

Lu Yijun：Hey, do you know who invented badminton?

Lǐ Míng Wǒ tīng shuō shì Yīng guó rén fā míng de
李 明：我听说是英国人发明的。

Li Ming：I've heard it was invented by the British.

Lù Yī jùn Zhēn yǒu yì si zěn me néng xiǎng dào yòng yǔ máo zuò qiú ne
陆一俊：真有意思，怎么能想到用羽毛做球呢？

yǔ máo běn lái shì nà me de qīng
羽毛本来是那么的轻。

Lu Yijun：Very interesting. How could they think of using feather to make shuttlecocks? Feathers are so light.

Lǐ Míng Nǐ kàn guo yǔ máo qiú bǐ sài ma
李 明：你看过羽毛球比赛吗？

Li Ming：Have you ever watched a badminton match?

Lù Yī jùn Kàn guo shì zài diàn shì shang
陆一俊：看过，是在电视上。

Lu Yijun：Yes, on TV.

Lǐ Míng Shì jiè shang nǎ gè guó jiā de yǔ máo qiú duì shí lì bǐ jiào
李 明：世界上哪个国家的羽毛球队实力比较

qiáng
强？

Li Ming：Which country's team is the most powerful in the world?

Lù Yī jùn Zhōng guó Yìn dù ní xī yà Dānmài dōu shì qiáng duì
陆一俊：中国、印度尼西亚、丹麦都是强队。

Lu Yijun：The teams of China, Indonesia and Den-

羽毛球 Badminto

mark are the strongest.

Lǐ Míng：Zhōngguó duì de dān dǎ hé shuāng dǎ dōu hěn chū sè   shàng jiè
李 明：中国队的单打和 双 打都很出色，上届

Ào yùn huì 5 wǔ méi jīn pái Zhōngguó duì jiù ná le sān gè
奥运会 5 枚金牌，中国队就拿了 3 个。

Li Ming：Chinese teams are good at both singles and doubles. They took three out of five gold medals from the last Olympic Games in Athens.

Lù Yī jùn Nǎ sān gè ya
陆一俊：哪 3 个呀？

Lu Yijun：Which three?

Lǐ Míng：Nǚ zǐ dān dǎ、 nǚ zǐ shuāng dǎ hé nán nǚ hùn hé shuāng dǎ
李 明：女子单打、女子 双 打和男女混合 双 打。

nǐ zhī dào ma   zài jiǔliù nián yǐ qián méi yǒu hùn shuāng   zhǐ
你知道吗？在 96 年以前没有混 双 ，只

yǒu nán nǚ dān dǎ hé shuāng dǎ sì gè xiàng mù   zhè sì gè
有男女单打和 双 打四个项目，这四个

xiàng mù de yōu shì dū zài yà zhōu
项目的优势都在亚洲。

Li Ming：Women's singles，women's doubles and mixed doubles. Do you know there was no mixed doubles before 1996，only four items of men's and women's singles and doubles. The dominant teams of the four types are all in Asia.

Lù Yī jùn Zhè liǎng nián hǎo xiàng Hán guó、Yīng guó hé Dān mài jìn bù bù
陆一俊：这 两 年好 像 韩 国、英 国和丹麦进步不

xiǎo   Shàng jiè wǔ xiàng zhōng qián sān míng dū yǒu tā men
小 。上届 5 项 中 前三名都有他们。

Lu Yijun：It seems that South Korea，Britain and Denmark have made great progress in these two

years. They are Top Three Teams in the five
types of the last Olympic Games.

Lǐ Míng: Dí què shì   Èr líng líng bā nián shéi néng shì yǔ máo qiú guàn jūn
李　明: 的确是。 2008　年谁能是羽毛球冠军
dé zhǔ ne
得主呢?

Li Ming: Surely. Who will be the champions of bad-
minton in 2008?

Lù Yī jùn: Méi de shuō   kěn dìng yǒu zhōng guó duì   Dàn bù zhī dào huì bu
陆一俊: 没得说, 肯定有中国队。但不知道会不
huì shā chū lái gè hēi mǎ
会杀出来个黑马。

Lu Yijun : That's obvious, the Chinese team will be
one of them, of course. However, who
knows whether there is a dark horse coming
up or not.

Lǐ Míng: Ràng wǒ men shì mù yǐ dài ba
李　明: 让我们拭目以待吧。

Li Ming: Well, let's wait and see.

3. 观看羽毛球比赛 Watching badminton matches

(In the students' dorm building of a university, there
is a television broadcasting about the Uber Cup final.)

Lǐ Míng: Kuài lái kàn xiàn zài diàn shì zhèng zài zhuǎn bō Yóu bó bēi jué
李　明: 快来看, 现在电视正在转播尤伯杯决
sài
赛。

Li Ming: Come and look. The television is broadcast-
ing the Uber Cup final now.

Lù Yī jùn: Shì ma   shéi hé shéi ya
陆一俊: 是吗? 谁和谁呀?

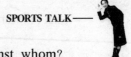

Lu Yijun：Really? Who is playing against whom?

Lǐ Míng Zhōngguó duì hé Hé lán duì
李 明：中国队和荷兰队。

Li Ming：The Chinese team against the Dutch team.

Lù Yī jùn Zǒu zhè kě bù néng bú kàn
陆一俊：走，这可不能不看。

Lu Yijun：Let's go. This cannot be missed.

Jiě shuō yuán Xiàn zài chū chǎng de shì dì yī dān dǎ Zhōng guó de Zhāng Níng
解说员：现在出场的是第一单打中国的张宁

duì Hé lán de Zhāng Hǎi lì
对荷兰的张海丽。

Narrator：Now the first one coming out is Chinese first
single player Zhang Ning to play against
Dutch player Zhang Haili.

Lù Yī jùn Qiú sù kě zhēn kuài lián dé liǎng fēn le
陆一俊：球速可真快，连得两分了。

Lu Yijun：The speed of shuttle flight is so quick. She
got two points in succession.

Lǐ Míng Hǎo qiú tóu dǐng de pī shā dé fēn
李 明：好球，头顶的劈杀得分。

Li Ming：Good, an overhead strike won a point.

Jiě shuō yuán Zhāng Hǎi lì fǎn shǒu wǎng qián yì cuō zhèng shǒu zhí xiàn
解说员：张海丽反手往前一搓，正手直线。

Narrator：Zhang Haili had a backhand twist forward
to the main forehand.

Lù Yī jùn Āi yā Zhāng Níng luò hòu le
陆一俊：哎呀，张宁落后了。

Lu Yijun：Oh, Zhang Ning falls behind.

Lǐ Míng Zhēn miào qiú dǎ zài le kòng dāng shang
李 明：真妙，球打在了空当上。

Li Ming：That was amazing, a shot dropped into an
empty space.

运动口语

Jiě shuō yuán　Hé lán de Zhāng Hǎi lì　lì yòng lā diào bā bǐ sì kāi jú lǐng
解说员：荷兰的 张 海丽利用拉吊 8：4 开局领
xiān
先。

Narrator：The Dutch player Zhang Haili 8：4 in the
lead by lifting and dropping.

Lǐ　Míng　Hǎo qiú　jiè nèi　shí yī píng
李 明：好球，界内，11 平。

Li Ming：Nice spike，in，11 all.

Jiě shuō yuán　Wǎng qián pū jī　shā qiú chéng gōng
解说员：网 前扑击，杀球 成 功。

Narrator：Smash before the net，great shot.

Lǐ　Míng　Duì fāng lián xù shī wù　sòng liǎo hǎo jǐ fēn　Zhāng Níng yǐ
李 明：对方连续失误，送了好几分。 张 宁以
èr shí yī bǐ shí bā ná xià le shǒu jú
21：18拿下了首局。

Li Ming：Her opponent continues to miss and has
lost several points. Zhang Ning takes the
first game 21 to 18.

（the second game）

Lù Yī jùn　Zhè jú shuāng fāng jiāo tì lǐng xiān　bǐ fēn bù xiāng　shàng
陆一俊：这局 双 方 交替领先，比分不 相 上
xià
下。

Lu Yijun：In this game the two sides are taking turns
leading and the score are more or less the
same.

Jiě shuō yuán　Lā dǐ xiàn　zhèng shǒu de pī diào　Hé lán xuǎn shǒu qīng diào
解说员：拉底线，正手的劈吊。荷兰选手轻吊
èr shí bǐ shí jiǔ fǎn chāo
20：19反超。

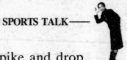

羽毛球 Badminto

Narrator：Lift to the bottom line and spike and drop. The Dutch player has reached 20：19 by a light drop.

Lǐ Míng Huí qiú chū jiè le Zhāng Hǎi lì èr shí yī bǐ shí jiǔ bān huí yì
李 明：回球出界了，张海丽21：19扳回一
jú
局。

Li Ming：Returning out，Zhang Haili turned and won the game by 21：19.

Jiě shuō yuán Jué shèng jú tiáo zhěng zhī hòu de Zhāng Níng jiā kuài le jìn gōng
解说员：决胜局调整之后的张宁加快了进攻
sù dù wǔ bǐ líng shùn lì kāi jú bìng yǐ shíyī bǐ èr lǐngxiān
速度，5：0顺利开局，并以11：2领先
jìn rù zàntíng
进入暂停。

Narrator：In the final game Zhang Ning after adjustment accelerated her attacking speed. She opened the game successfully 5 to 0 and entered a time-out leading by 11 to 2.

Lǐ Míng Hǎo pū shāchéng gōng
李 明：好，扑杀成功。

Li Ming：Excellent. A successful smash.

Lù Yī jùn Huí qiú xià wǎng èr shíyī bǐ shí bā Zhāng Níng ná xià duì shǒu
陆一俊：回球下网，21：18 张宁拿下对手。

Lu Yijun：The return hits the net. Zhang Ning defeated her opponent by 21 to 18.

Lǐ Míng Wā zhēn jīng cǎi Zhè qiú kàn de cái dài jìn Wǒ shén me
李 明：哇，真精彩！这球看得才带劲。我什么
shí hou néng dǎ de nà me hǎo ne
时候能打得那么好呢？

Li Ming：Whoa，how exciting! This game was amazing. When can I play that well?

运动口语

词 汇
Vocabulary

对话 1

天气	tiānqì/weather
作业	zuòyè/homework
做完	zuòwán /have done with, get through
休息	xiūxi /rest
一会儿	yíhuìr /a while, for a moment
效果	xiàoguǒ /effect
听	tīng /listen to
球拍	qiúpāi /racket
买	mǎi /buy
球	qiú /ball
锻炼身体	duànliàn shēntǐ /do exercise
垮	kuǎ /collapse
扣球	kòu qiú /smash
周围	zhōuwéi /around
房子	fángzi /house
树	shù /tree
太阳	tàiyáng /sun
晃眼	huǎngyǎn /dazzling
挑高球	tiǎo gāoqiú /lift
看不见	kànbujiàn /unable to see
侧过来	cè guòlai /slant
觉得	juéde /feel; think
反手球	fǎnshǒu qiú/backhand

羽毛球 Badminto

陪	péi /accompany
只要	zhǐyào /as long as
嫌弃	xiánqì /dislike
低	dī/low; inferior

对话 2

发明	fāmíng /invent; invention
羽毛	yǔmáo /feather
本来	běnlái /originally; to begin with
轻	qīng/light
电视	diànshì /television
国家队	guójiāduì /national team
实力	shílì /strength
单打	dāndǎ /single
双打	shuāngdǎ /double
出色	chūsè/outstanding; fineness
金牌	jīnpái /gold medal
混合双打	hùnhé shuāngdǎ/mixed doubles
项目	xiàngmù /item
进步	jìnbù/make progress
得主	dézhǔ /winner
杀出来	shā chūlái/fight out
黑马	hēimǎ/dark horse
拭目以待	shìmùyǐdài/wait and see

对话 3

| 出场 | chūchǎng/come out in the court |

球速	qiúsù /speed
劈杀得分	pīshā défēn/score with a smash
反手	fǎnshǒu /backhand
搓	cuō/twist
妙	miào/wonderful
空当	kòngdāng /empty space; gap
利用	lìyòng /make use of
拉吊	lādiào /lift and drop
开局	kāijú /beginning of a game
界内	jiènèi/in
平	píng /draw, all
送	sòng/send
拿下	náxià/take down; get
双方	shuāngfāng/both sides
交替	jiāotì/take turns in, alternate
不相上下	bùxiāngshàngxià/more or less equal, about the same
轻吊	qīngdiào/light drop
反超	fǎnchāo /turn over to exceed
回球	huíqiú /return
出界	chūjiè /out
决胜局	juéshèngjú/the final game
调整	tiáozhěng /adjust
加快	jiākuài/accelerate, speed
进攻	jìngōng /attack
顺利	shùnlì/successful; successfully
暂停	zàntíng/time-out

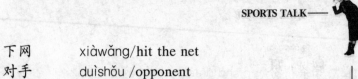

下网　　xiàwǎng/hit the net
对手　　duìshǒu /opponent
精彩　　jīngcǎi /exciting, amazing
带劲　　dàijìn /interesting

相关用语
Relevant Expressions

dān dǎ
◉ 单打
　single

shuāng dǎ
◉ 双打
double

hùn shuāng
◉ 混双
mixed double

qián chǎng
◉ 前场
forecourt

zhōng chǎng
◉ 中场
middle court

hòu chǎng
◉ 后场
backcourt

dǐ xiàn
◉ 底线
bottom line

◉ **网前** wǎng qián
before net

◉ **持球** chí qiú
carrying; sling

◉ **抛球** pāo qiú
cast

◉ **发球得分** fā qiú dé fēn
service ace

◉ **抛球发球** pāo qiú fā qiú
toss service

◉ **发平球** fā píng qiú
flat service

◉ **短球** duǎn qiú
short

◉ **接发球** jiē fā qiú
return of service

◉ **救球** jiù qiú
retrieve

◉ jī qiú
击球
strike

◉ jié jī
截击
intercept

◉ kòu shā
扣杀
kill

◉ tuī qiú
推球
push

◉ pū shā
扑杀
rush kill

◉ shàngshǒu jī qiú
上手击球
overhand strike

◉ xià shǒu jī qiú
下手击球
underhand strike

◉ zhèngshǒu jī qiú
正手击球
forehand strike

◉ fǎn shǒu jī qiú
反手击球
backhand strike

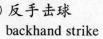

◉ shàng wǎng
上 网
take the net

◉ chù wǎng
触 网
touch the net

◉ cuō qiú
搓球
twist; rub

◉ dī qiú
低球
low shot

◉ gāo qiú
高球
lob

◉ wǎng qián qiú
网前球
hair spin

◉ zhí xiàn qiú
直线球
straight

◉ cè shǒu qiú
侧手球
side-arm stroke

◉ lián jī
连击
double hit

● 切球
   ^{qiē qiú}
cut

● 比赛开始，零比零。
   ^{Bǐ sài kāi shǐ líng bǐ líng}
Love all, play.

● 换发球。
   ^{Huàn fā qiú}
Service over.

● 换球。
   ^{Huàn qiú}
Change the shuttle.

● 重发球。
   ^{Chóng fā qiú}
Play a let.

语言文化小贴士
Language Tips

1. 汤姆斯杯和尤伯杯

　　汤姆斯杯（Thomas Cup）和尤伯杯（Uber Cup）分别代表了当今世界羽毛球最高水平的男子和女子团体赛。汤姆斯杯是国际羽联主席乔治·汤姆斯（George Thomas）在1939年的国际羽联会议上提出为世界男子羽毛球团体比赛捐赠一只奖杯，而得名的，而尤伯杯则是由英国30年代著名女子羽毛球选手贝蒂·尤伯夫人（Betty Uber）捐赠的。汤姆斯杯和尤伯杯每两年举办一次。

　　The Thomas and Uber Cups are the two leading international badminton championships, the Thomas cup for the men's team and the Uber Cup for the Women's team. The Thomas Cup was named after George Thomas, the Chairman of the International Badminton Federation（IBF）who presented a cup at the World Badminton Championships to the men's team at the IBF conference in 1939. The Uber Cup was donated by Betty Uber, a famous British badminton player. Both the Thomas and Uber Cup championships are held every two years.

2. 黑马

在对话中所使用的黑马可不指真的黑色的马，而是比喻实力难测的竞争者或出人意料的优胜者。这一词用于体育比赛中。

The word "hēi mǎ" used in the dialogue doesn't refer to a real dark horse, but a metaphor for a competitor whose strength is unfathomable or an unexpected winner. It is often used in sport games.

例如:世界杯进行了这么长时间了,还没有出现黑马,这让比赛少了许多惊险和刺激。

The World Cup has gone on such a long time, but not a single dark horse has appeared yet, which makes the games less shocking and exciting.

羽毛球小知识——羽毛球名称的由来

现代羽毛球运动起源于英国,由网球演变而成。1870 年,出现了用软木插上羽毛做的球和穿弦的球拍。1873 年,英国公爵鲍弗特在格拉斯哥郡(Gloucestershire)伯明顿(Badminton)镇的庄园里进行了一次羽毛球游戏表演。从此,羽毛球运动便逐渐开展起来,"Badminton"这个地名也就成了羽毛球的名字。

Where does the name Badminton come from?

Modern sports badminton originated from Britain. It was developed from tennis. In 1870 a shuttlecock made of cork inserted with goose feathers and rackets with strings appeared. In 1873, the British Duke Beaufort gave a show of the game of badminton for the first time at Badminton in Gloucestershire. From then on, this sport has gradually developed. The name of the place "Badminton" turned into the name of the sport.

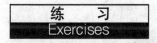

练　习
Exercises

1.根据课文选择适当的词语完成句子或对话。Choose the right words to complete the sentences or dialogues be-

运动口语

low according to the text.

1）A：你会打吗?

B：我会_____，能打到球。你呢?

　　A．一点儿　　　B．很多　　　　C．一些

2）A：我们侧过来一些,这样是不是_____?

B：没错。

　　A．好多了　　　B．不错　　　　C．对的

3）今天的天气真好,咱们去_____吧。

　　A．看电视　　　B．玩儿比赛　　C．打羽毛球

4）A：2008 年谁能是羽毛球冠军_____呢?

B：没得说,肯定有中国队。

　　A．第一名　　　B．得主　　　　C．拿下

5）A：你说羽毛球是谁发明的?

B：我_____是英国人发明的。

　　A．看见　　　　B．告诉　　　　C．听说

2. 选择正确的释义。Choose the right paraphrase.

1）黑马

　　A．black horse　　B．unexpected team

　　C．inferior team

2）晃眼

　　A．near-sighted　　B．bright eyes　　C．dazzling eyes

3）拭目以待

　　A．wait to listen　　B．wait for the news　　C．wait to see

4）空档

　　A．have free time　　B．empty space　　C．no space

5）没得说

　　A．needless to say　　B．have nothing to say

　　C．have things to say

乒乓球
Unit 6 Table Tennis

必备用语
Key Expressions

Zhè xiē dōu shì jī běngōng
● 这些都是基本功。
These are the basics.

Hái shì mànmàn lái ba
● 还是慢慢来吧。
Learn step by step then.

Zhí pāi hǎo hái shì héng pāi hǎo
● 直拍好,还是横拍好?
Is pen-hold bat good or hand-shake bat good?

Bù mán nǐ shuō bèir bàng
● 不瞒你说,倍儿 棒。
Frankly speaking, I'm superb at it.

Nǐ xiān fā ba
● 你先发吧。
You serve first.

Chī qiú le ba
● 吃球了吧。
You failed to return it.

Xià wǎng le
● 下网了。
It hits the net.

Chū jiè le
● 出界了。
Out.

Zhè jú jié shù le
● 这局结束了。
The game is over.

情景对话
Situational Dialogues

1. 谈论乒乓球 Talking about ping-pong

（Li Ming likes Zhao Min and always looks for some topics to chat with her about. Today he and Zhao Min are talking about ping-pang.）

Lǐ Míng Nǐ ài wánr   pīng pāng qiú ma
李 明：你爱玩儿乒乓球吗？

Li Ming：Do you like playing ping-pong?

Zhào Mǐn Ài kě jiù shì dǎ de bù hǎo
赵 敏：爱，可就是打得不好。

Zhao Min：Yes. But I'm not good at it.

Lǐ Míng Méi guān xi   wǒ jiāo nǐ
李 明：没关系，我教你。

Li Ming：It doesn't matter. I can teach you.

Zhào Mǐn Nà tài hǎo le   Wǒ yì zhí xiǎng gēn rén xué ne
赵 敏：那太好了。我一直想 跟人学呢！

Zhao Min：That's great. I've been thinking about learning it from someone.

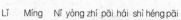

Lǐ Míng　Nǐ yòng zhí pāi hái shì héng pāi

李　明：你用直拍还是横拍。

Li Ming：Do you use pen-hold bat or hand-shake bat?

Zhào Mǐn　Zhí pāi

赵　敏：直拍。

Zhao Min：Pen-hold bat. (I use a pen-hold grip.)

Lǐ Míng　Wǒ jué de yào xiǎng xué hǎo pīng pāng qiú　jiù děi　xiān xué huī pāi

李　明：我觉得要想学好乒乓球，就得 先学挥拍，

rán hòu xué fā qiú hé tuī dǎng　Zhè xiē dōu shì　jī běn gōng

然后学发球和推挡。这些都是基本功。

Li Ming：I think if you want to learn ping-pong well,
　　　　you'd better learn to swing first, then learn
　　　　to serve and push. These are the basics.

Zhào Mǐn　Wǒ xiǎng xué chōu qiú　nà qiú dǎ guò qù duō hěn na

赵　敏：我 想 学抽球，那球打过去多狠哪！

Zhao Min：I want to learn smashing. How fast it is to
　　　　　smash like that!

Lǐ Míng　Méi cuò　kě nǐ hái méi xué huì zǒu ne　jiù xiǎng xué pǎo le

李　明：没错，可你还没学会走呢，就 想 学跑了。

shì bú shì zǎo diǎnr

是不是早点儿？

Li Ming：It certainly is. But if you haven't learned how
　　　　to walk, how can you learn to run? Isn't it too
　　　　early?

Zhào Mǐn　Ňg　dí què shì　Hái shì màn màn lái ba

赵　敏：嗯，的确是。还是慢慢来吧。

Zhao Min：Hum, it is. Well, learn step by step then.

Lǐ Míng　Zá men xiān zhǎo gè qiú tái　nǐ zhào wǒ de yàng zi liàn xí tuī

李　明：咱们先找个球台，你照我的样子练习推

qiú

球。

Li Ming：Let's first find a table tennis table and you

运动 口语

follow me to practice passing.

Zhào　Mǐn　Hǎo de　Āi　wǒ yǒu gè wèn tí　zhí pāi hǎo　hái shì héng pāi
赵　敏：好的。哎，我有个问题，直拍好，还是横拍
hǎo
　　好？

Zhao Min：OK. Hey，I have a question. Is pen-hold bat good or hand-shake bat good?

Lǐ　Míng　Gè yǒu lì bì　Zhí pāi shì hé kuài gōng dǎ fǎ　ér héng pāi shì
李　明：各有利弊。直拍适合快攻打法，而横拍适
hé fáng shǒu　bú guò xiàn zài duō wéi gōng fáng jié hé de dǎ fǎ
　　合防守，不过现在多为攻防结合的打法。

Li Ming：Both of them have advantages and disadvantages. The pen-hold bat is good to half volley while the hand-shake bat is good for defense. However，nowadays most people use attack and defense combination technique.

Zhào　Mǐn　Wǒ jué de héng pāi chōu shā qǐ lái hěn lì hài　yǒu shí yì pāi
赵　敏：我觉得横拍抽杀起来很厉害，有时一拍
jiù néng bǎ duì shǒu dǎ sǐ
　　就能把对手打死。

Zhao Min：I think hand-shake bat is very forceful in smashing. Sometimes just one smash can beat the opponent.

Lǐ　Míng　Qí shí bú shì　xiàn zài yí gè qiú qǐ mǎ néng dǎ jǐ gè huí
李　明：其实不是，现在一个球起码能打几个回
hé
　　合。

Li Ming：Not really. In fact，each serve has at least several rallies now.

Zhào　Mǐn　Wǒ yào hǎo hāor　liàn　zhēng qǔ néng gēn nǐ duō dǎ jǐ gè
赵　敏：我要好好儿练，争取能跟你多打几个
lái huí　bié ràng nǐ zǒng jiǎn qiú
　　来回，别让你总拣球。

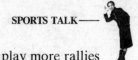

Zhao Min：I'll practice well and try to play more rallies with you. I won't make you pick the balls up all the time.

2. 比试比试 Have a competition

（Zhao Liang and Li Ming are talking about hobbies.）

Zhào Liàng Nǐ xǐ huan dǎ pīng pāng qiú ma
赵　亮：你喜欢打乒乓球吗？

Zhao Liang：Do you like playing ping-pong?

Lǐ Míng Xǐ huan ya
李　明：喜欢呀。

Li Ming：Yes，I do.

Zhào Liàng Dǎ de zěn me yàng
赵　亮：打得怎么样？

Zhao Liang：How well do you play?

Lǐ Míng Bù mán nǐ shuō bèir bàng
李　明：不瞒你说，倍儿棒。

Li Ming：Frankly speaking，I'm superb at it.

Zhào Liàng Chuī niú
赵　亮：吹牛。

Zhao Liang：You're boasting.

Lǐ Míng Bú xìn jiù bǐ shi bǐ shi xiān lái yì jú
李　明：不信就比试比试，先来一局。

Li Ming：If you don't believe me，let's play one game first.

Zhào Liàng Bǐ jiù bǐ shì luó zi shì mǎ lā chū lái liù liu jiù zhī dào le
赵　亮：比就比，是骡子是马拉出来遛遛就知道了。

Zhao Liang：Let's do it. Everything will be clear when we've played.

（They find a table.）

Zhào Liàng Shéi xiān fā qiú Yào bù zán men pāo yìng bì lái jué dìng
赵　亮：谁先发球？要不咱们抛硬币来决定？

Zhao Liang：Who serves first? Or do we need to toss a coin to decide?

Lǐ Míng Wú suǒ wèi   nǐ xiān fā ba
李 明：无所谓，你先发吧。

Li Ming：It doesn't matter. You serve first.

Zhào Liàng Wǒ gěi nǐ fā gè xuán zhuǎn qiú   kàn nǐ néng bù néng jiē zhe
赵 亮：我给你发个旋 转球，看你能不能接着。

Zhao Liang：I'll serve you a spin to see whether you can return it or not.

Lǐ   Míng Yō hē   hái zhēn zhuàn
李 明：哟嗬，还真 转！

Li Ming：Aha, it's really twisting.

Zhào   Liàng Chī qiú le ba   Zài fā yí gè
赵 亮：吃球了吧。再发一个。

Zhao Liang：You failed to return it. I'll serve once more.

Lǐ   Míng Āi yā   xià wǎng le   Jiē zhe chū jiè le
李 明：哎呀，下 网了。（接着）出界了。

Li Ming：Alas，it hits the net .（again）Out.

Zhào   Liàng Xiǎo xīn wǒ gěi nǐ tì guāng tóu
赵 亮：小心我给你剃 光头。

Zhao Liang：Be careful. I may give you a crushing defeat.

Lǐ   Míng Bú huì de   hái méi lún dào wǒ fā qiú ne   Dào shí yě ràng nǐ
李 明：不会的，还没轮到我发球呢。到时也让你
cháng cháng wǒ de lì hài
尝 尝 我的厉害。

Li Ming：Can't be. It's not my turn to serve yet. I'll make you suffer then.

Zhào   Liàng Zěn me yàng wǒ bù chī zhuàn
赵 亮：怎么样，我不吃 转。

Zhao Liang：Oh，did you see? I didn't miss it.

Lǐ   Míng Nà wǒ gàn cuì jiù chōu nǐ
李 明：那我干脆就抽你。

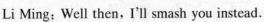

Li Ming：Well then, I'll smash you instead.

Zhào Liàng Gàn má zhēn dǎ ya

赵 亮：干吗？真打呀？

Zhao Liang：What on earth are you doing? Do you really want to beat me in this way?

3. 观看比赛 Watching games

（Li Ming and Zhao Liang are watching TV which is broadcasting the men's final of table tennis - China vs. Sweden. ）

Lǐ Míng Āi zěn me chóng fā le

李 明：唉，怎么重发了？

Li Ming：Hey, how come he reserved?

Zhào Liàng Gāng cái shì wǎng qiú cā wǎng le suǒ yǐ chóng fā

赵 亮：刚才是网球，擦网了，所以重发。

Zhao Liang：It was a net, a let ball, so he serves again.

Lǐ Míng Nǐ néng kàn chū lái shàng xuán qiú xià xuán qiú hé cè xuán qiú

李 明：你能看出来上 旋球、下 旋球和侧 旋球

ma Wǒ zǒng shì chī zhuǎn

吗？我总是吃 转 。

Li Ming：Can you tell whether it is topspin, backspin or a sidespin? I always miss it.

Zhào Liàng Zhè jiù yào kàn jì shù le Yì bān dōu yào dīng zhù fā qiú rén

赵 亮：这就要看技术了。一般都要盯住发球人

de pāi zi mó cā qiú de wèi zhi Zǒng zhī, hǎo fù zá de

的拍子磨擦球的位置。总之，好复杂的，

yì liǎng jù shuō bù qīng chu

一两句说不请楚。

Zhao Liang：That depends on the techniques. Usually you should stare at the way the server's paddle rubs the ball. Well, anyway it's too complicated. It can't be explained clearly in one or

123

two sentences.

Lǐ   Míng   Āi yā   Huí qiú gāo le   zhè bú shì zhǎo chōu ma
李 明：哎呀！回球高了，这不是找 抽吗?!

Li Ming：Alas, return too high. It's looking for smash, isn't it?

Zhào   Liàng   Yì bān jiē xuán zhuàn qiú yào yòng cuō qiú huò tí   lā qiú chōu guò qù
赵 亮：一般接旋 转球要用搓球或提拉球抽过去,

bú shì xuán zhuàn de qiú jiù yòng tuī dǎng huò zhí jiē chōu qiú
不是旋 转的球就用推挡或直接抽球。

Zhao Liang：When receiving a spin, usually slice it or lift drive it. If it's not a spin, simply push it or drive it directly.

Lǐ   Míng   Zhè jiù shì jìn tái kuài gōng ba
李 明：这就是近台快 攻吧?

Li Ming：Is this short court half volley?

Zhào   Liàng   Méi cuò   Yà zhōu yùn dòng yuán duō shì zhè zhǒng dǎ fǎ   Ōu
赵 亮：没错。亚洲运动员多是这种打法,欧

zhōu de zé zhǔ yào shì yǐ zhōng yuǎn tái lā hú quān qiú wéi
洲的则主要是以中 远台拉弧圈球为

zhǔ
主。

Zhao Liang：Right. Most Asian players use this method. But the European players mainly use middle and back court lift loop drive.

Lǐ   Míng   Wā   zhè qiú gòu hěn de   qiú dōu dǎ fēi le
李 明：哇,这球够狠的,球都打飞了。

Li Ming：Wow, this is really hard. It flew out.

Zhào   Liàng   Shì a   hú quān qiú de sù dù kuài biàn huà yě kuài
赵 亮：是啊,弧圈球的速度快,变化也快

Zhao Liang：Yes. The loop drive is very fast and varies quickly.

Lǐ   Míng   Nà zěn me duì fu tā men ne
李 明：那怎么对付它们呢?

Li Ming：How can we deal with them?

Zhào Liàng Cǎi yòng cháng duǎn qiú jié hé jiā shàng biàn xiàn de dǎ fǎ
赵　亮：采用长短球结合，加上变线的打法。

Hǎo qiú
好球！

Zhao Liang：We have to combine the long and short balls,
　　　　　plus alternate the direction. Nice ball!

Lǐ　Míng Xiàn zài hǎo xiàng dǎ xiāo qiú de shǎo le yǐ qián tǐng duō de
李　明：现在好像打削球的少了，以前挺多的。

Li Ming：Now it seems there are less people who play
　　　　chop. But before there were more who
　　　　played chop.

Zhào Liàng Ňg xiāo qiú tài bèi dòng le zhǐ shì hé fáng shǒu
赵　亮：嗯，削球太被动了，只适合防守。

Zhao Liang：Hum，chop is too passive. It only suits to
　　　　　defense.

Lǐ　Míng Āi yō méi chōu shàng
李　明：哎哟，没抽上。

Li Ming：Well，I missed.

Zhào Liàng Dé fēn le nà yí dìng shì cā biān qiú
赵　亮：得分了，那一定是擦边球。

Zhao Liang：Scored. That must an edge ball.

Lǐ　Míng Āi zhè jú jié shù le bú shì èr shí yī gè qiú ma
李　明：哎，这局结束了？不是２１个球吗？

Li Ming：Hey，the game is over? Isn't it 21 - point
　　　　match?

Zhào Liàng Zǎo jiù gǎi shí yī gè qiú le ér qiě qiú yě biàn dà le Nǐ
赵　亮：早就改11个球了，而且球也变大了。你

nà dōu shì lǎo huáng lì le
那都是老皇历了。

Zhao Liang：It has long since changed to 11 points,
　　　　　and the ball got bigger. What you remem-

125

bered was old rules.

词　汇
Vocabulary

对话 1

乒乓球	pīngpāngqiú /table tennis
教	jiāo/teach
一直	yìzhí /all along; at all times
跟人学	gēn rén xué /learn from sb.
直拍	zípāi /pen-hold bat
横拍	héngpāi /hand-shake bat
挥拍	huī pāi /swing
发球	fā qiú /serve
推挡	tuīdǎng /push
抽球	chōuqiú /drive, smash
狠	hěn/hard, fierce
早点儿	zǎodiǎnr / earlier
慢慢来	mànmàn lái /slowly, bit by bit, step by step
球台	qiútái /table
照…样子	zhào…yàngzi /take as the model
推球	tuīqiú /push
各有利弊	gè yǒu lìbì /each has advantages and disadvantages
适合	shìhé /fit, suit
防守	fángshǒu /defense
抽杀	chōushā /drive, smash
打死	dǎsǐ /kill

起码　　　　qǐmǎ /at least
回合　　　　huíhé /rally
拣球　　　　jiǎnqiú /pick up balls

对话 2

比试　　　　bǐshì /have a competition
瞒　　　　　mán /conceal
倍儿棒　　　bèir bàng /terrific
吹牛　　　　chuīniú /boast，talk big
骡子　　　　luózi/mule
马　　　　　mǎ /horse
拉出来　　　lā chūlái /pull out
遛遛　　　　liúliu /stroll
知道　　　　zhī dào/know
抛硬币　　　pāo yìngbì /toss coin
决定　　　　juédìng/decide
无所谓　　　wúsuǒwèi /it doesn't matter
旋转球　　　xuánzhuǎnqiú/spin；hook the ball
转　　　　　zhuǎn /spin
吃球　　　　chī qiú /fail to return
下网　　　　xià wǎng /hit the net
出界　　　　chūjiè /outside
小心　　　　xiǎoxīn /careful
剃光头　　　tì guāngtóu /shave clearly；crushing defeat
轮到　　　　lúndào /turn to
尝尝　　　　chángchang /taste
吃转　　　　chīzhuàn /miss

运动口语

干脆	gāncuì/without further ado；neck and crop
抽	chōu /slap

对话 3

重发	chóng fā/let
网球	wǎng qiú /net
擦网	cā wǎng /let
上旋球	shàngxuánqiú/topspin
下旋球	xiàxuánqiú /underspin, backspin
侧旋球	cèxuánqiú/sidespin
发球人	fāqiúrén /server
磨擦	mócā/rub
总之	zǒngzhī/anyway
复杂的	fùzá de /complicated
清楚	qīngchu/clear
回球	huíqiú/return
高	gāo/high
找抽	zhǎochōu/looking for being slapped
搓球	cuōqiú/chop, slice
提拉球	tílāqiú/lift drive
直接	zhíjiē/directly
近台快攻	jìntái kuàigōng /short court half volley
主要	zhǔyào/main；major
弧圈球	húquānqiú /loop drive
变化	biànhuà /vary, change
对付	duìfu/deal with
变线	biànxiàn/change direction

削球	xiāoqiú /chop
被动	bèidòng /passive
擦边球	cābiānqiú /edge ball
结束	jiéshù /be over, finish
改	gǎi /change
老皇历	lǎo huánglì/old calendar; old rule

相关用语
Relevant Expressions

wǔ jú sān shèng
● 五局三胜
best of five games

jué shèng jú
● 决胜局
deciding game

shī wù
● 失误
fault

píng fēn
● 平分
deuce

zhèng shǒu
● 正手
forehand

fǎn shǒu
● 反手
backhand

◉ jiē fā qiú
接发球
receive

◉ fā qiú qiǎng gōng
发球抢攻
attack after service

◉ huàn fā qiú
换发球
change service

◉ gāo pāo qiú
高抛球
high toss service

◉ xié xiàn qiú
斜线球
cross shot, angle shot

◉ zhí xiàn qiú
直线球
straight

◉ duǎn qiú
短球
drop shot

◉ jī qiú
击球
strike

◉ duì gōng
对攻
counter attack

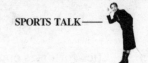

lā gōng
● 拉攻
lift drive

fǎn chōu
● 反抽
backhand slam

liǎng miàn gōng   zuǒ yòu kāi gōng
● 两 面 攻（左右开攻）
attack on both sides

lián jī
● 连击
double hit

语言文化小贴士
Language Tips

1. 吃球

这个词可不是把球吃下去的意思，而是指"接不好对方发的旋转球，从而造成失误"。类似的说法还有：吃转、吃发球等。

This word "chī qiú" doesn't mean to eat the ball, but refers to one who fails to receive the spin the opponent serves. Similar expressions include "chī zhuàn", "chī fā qiú", and so on.

2. 找抽

这个词的意思是给对方抽球或抽杀的机会。在日常生活中，这个词带有一定的挑衅口吻，意思是"想挨别人打嘴巴或挨揍"。类似的说法有：找揍、找打。

The word "zhǎo chōu" means providing opportuni-

运动 口语

ties for one's opponent to drive or smash. In daily life，this word is often used to threaten someone or as a warning, meaning "looking for being slapped on face or be buffeted." Similar expressions include " zhǎo zòu, zhǎo dǎ".

3. 剃光头

剃光头本意是把头发全部剃掉,但在对话中比喻得零分。

The word "tì guāng tóu" literally means to shave one's hair completely. But in the dialogue it is used as a metaphor to refer to one who gets no points.

4. 老皇历

本意是指很久以前的日历,后来用于比喻陈旧过时的规矩。

The original meaning of the words "lǎo huánglì" is the calendar of the past in old history. Now it is used as a metaphor to refer to an old and out of date rule.

乒乓球小知识

许多人都会把 ping-pong 认为是因"乒乓球"的汉语拼音而得名的，其实不然。1890 年，一位名叫詹姆斯·吉布(James Gibb)的英格兰人到美国旅行时发现一种弹跳力特别强的塑胶制的空心球，于是他对这个空心球进行了改造，并在英国推广。由于它在桌子上打来打去时能发出"乒乒乓乓"的声音，使詹姆斯·吉布想出乒乓球一词，从此这个响亮的称呼便传开了，后来 有一家英国的体育用品器材公司将 Ping-Pong 注册为商标。但值得注意的是在正式使用乒乓球一词时，英文应该用"Table Tennis"，其意思是"桌上网球"，因为它是受网球的影响而诞生的一种运动。

Many people would think "ping-pong" is the official name of the table tennis because it is from Chinese *Pinyin* "pīngpāng". Actually it is not so. In 1890 a person from England called James Gibb discovered a hollow ball made of plastic with extremely strong bouncing ability when he was traveling in the United States. So he improved the ball and spread it in Britain. As it can make a sound of "ping ping pong pong" while playing it on a table，James Gibb thought out a word of ping-pong ball. From then on this resounding name spread far and wide. Later a British sports equipment company registered ping-pang as a brand name. But one thing should be noticed that in formal occasions，people should use "table tennis" for ping-pong, which means tennis played on the

运动口语

table because pingpong originated from tennis.

练 习
Exercises

1. 根据课文完成句子或对话。Complete the sentences or dialogues below according to the text.

1) A：你爱玩儿乒乓球吗？

   B：爱，_____。

2) 我想学_____，那球打过去多狠哪！

3) A：你喜欢打乒乓球吗？

   B：喜欢呀。

   A：打得怎么样？

   B：不瞒你说，_____。

4) A：谁先发球？要不咱们抛硬币来决定？

   B：_____，你先发吧。

5) A：哎，这局结束了？不是 21 个球吗？

   B：早就改 11 个球了，而且球也变大了。你那都是_____了。

2. 搭配练习。Matching exercise.

A1 发球　　B1 spin

A2 吃球　　B2 fail to receive

A3 剃光头　B3 step by step

A4 搓球　　B4 serve

A5 慢慢来　B5 gain no points

网球
Tennis

网　球
Unit 7 Tennis

必备用语
Key Expressions

Nǐ zhè gè qiú pāi bú cuò
● 你这个球拍不错。
Your racket is really good.

Nǐ jīng cháng lái zhèr　　dǎ ma
● 你经常来这儿打吗?
Do you often come here to play?

Wǒ de zhèng shǒu chōu qiú hái xíng，fǎn shǒu bù líng
● 我的正手抽球还行,反手不灵。
My forehand driving is all right，but backhand is awkward.

Wǒ zuì xǐ huan kòu qiú le　hěn guò yǐn
● 我最喜欢扣球了,很过瘾。
I like to smash the most. It's satisfactory.

Yùn dòng yuán měi shèng yì qiú dé yì fēn
● 运动员每胜一球得一分。
The player scores one point whenever winning a rally.

Nà yì bān yào dǎ duō shao jú
● 那一般要打多少局?
Well，how many games are usually played?

运动 口语

Zěn me nà me fù zá
◉ 怎么那么复杂。

How complicated!

Wǒ yǐ jīng bèi nǐ gǎo yūn le
◉ 我已经被你搞晕了。

I'm confused by what you said already.

情景对话
Situational Dialogues

1. 打网球 Playing Tennis

（At a tennis court，Wang Xiaodong and Chen Dalong are playing tennis.）

Wáng Xiǎo dōng　Nǐ zhè gè qiú pāi bú cuò　zài nǎr　mǎi de　guì ma
王 小 东：你这个球拍不错，在哪儿买的？贵吗？

Wang Xiaodong：Whoa，your racket is really good．Where did you buy it？Is it expensive？

Chén Dà lóng　Zài wáng fǔ jǐng tǐ yù yòng pǐn shāng diàn mǎi de　bú tài
陈大龙：在王府井体育用品商店买的，不太

guì　yì bǎi duō
贵，一百多。

Chen Dalong：I bought it at the sports equipment shop at Wangfujing．It's not too expensive，just over a hundred *yuan*．

Wáng Xiǎo dōng　Nǐ jīng cháng lái zhèr　dǎ ma
王 小 东：你经常来这儿打吗？

Wang Xiaodong：Do you often come here to play？

Chén Dà lóng　Měi yuè dōu yào dǎ gè sān sì cì　Wǒ shì zhèr　de huì yuán
陈大龙：每月都要打个三四次。我是这儿的会员。

Chen Dalong：I play three or four times a month．I'm a member of the club here.

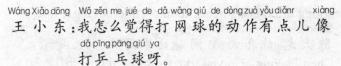

Wáng Xiǎo dōng　Wǒ zěn me jué de dǎ wǎng qiú de dòng zuò yǒu diǎnr　xiàng
王 小 东：我怎么觉得打网球的动作有点儿 像
　　　　　dǎ pīng pāng qiú ya
　　　　　打乒乓球呀。

Wang Xiaodong：How come I feel the movement of playing tennis is a little bit like playing ping-pong.

Chén Dà lóng　Yǒu nà me diǎnr　　yì si　　Wǎng qiú jiù shì fàng dà de pīng pāng qiú
陈大龙：有那么点儿意思。网球就是放大的乒乓球。

Chen Dalong：Yeah，kind of. Tennis is actually enlarged ping-pong.

Wáng Xiǎo dōng　Bú guò　huó dòng liàng kě bǐ pīng pāng qiú dà duō le
王 小 东：不过，活动量可比乒乓球大多了。
　　　　　　wǒ de zhèng shǒu chōn qiú hái xíng　fǎn shǒu bù líng
　　　　　　我的正手抽球还行，反手不灵。

Wang Xiaodong：However，the range of movement is much bigger than ping-pong. My forehand driving is all right，but backhand is awkward.

Chén Dà lóng　Fǎn shǒu xū yào lì liàng　fā qiú yě yí yàng
陈大龙：反手需要力量，发球也一样。

Chen Dalong：Backhand needs strength，so does serving.

Wáng Xiǎo dōng　Wǒ zuì xǐ huan kòu qiú le　hěn guò yǐn
王 小 东：我最喜欢扣球了，很过瘾。

Wang Xiaodong：I like to smash the most. It's satisfactory.

Chén Dà lóng　Nà wǒ jiù gěi nǐ diào gāo qiú　ràng nǐ guò zú yǐn
陈大龙：那我就给你吊高球，让你过足瘾。

Chen Dalong：Then I'll lob for you to satisfy your urge as much as you can.

2.谈论网球 Talking about tennis

(After playing tennis，Chen Dalong and Wang Xia-

运动口语

odong are talking about tennis while having a rest.)

Chén Dà lóng　Nǐ xǐ huan kàn wǎng qiú bǐ sài ma
陈大龙：你喜欢看网球比赛吗?

Chen Dalong：Do you like to watch tennis matches?

Wáng Xiǎo dōng　Wǒ méi yǒu kàn guo quán chǎng　yīn wèi bú tài dǒng de bǐ
王 小 东：我没有看过全 场，因为不太懂得比
　　　　　　sài guī zé
　　　　　　赛规则。

Wang Xiaodong：I haven't watched a full game because I
　　　　　　　　don't quite understand the competition rules.

Chén Dà lóng　Wǒ gào su nǐ　yùn dòng yuán měi shèng yì qiú dé yì fēn　xiān
陈大龙：我告诉你，运动 员每胜一球得1分，先
　　　　　shèng sì fēn zhě shèng yì jú
　　　　　胜 4分者胜一局。

Chen Dalong：I'm telling you that the player scores one
　　　　　　　point whenever winning a rally. The one who
　　　　　　　wins a game first scores four points.

Wáng Xiǎo dōng　Yào shì dǎ píng le ne
王 小 东：要是打平了呢?

Wang Xiaodong：What about a deuce?

Chén Dà lóng　Rú guǒ shuāng fāng gè dé sān fēn shí　jiù shì　píng fēn
陈大龙：如果 双 方各得 3分时，就是"平分"。
　　　　　Píng fēn hòu　yì fāng xiān dé yì fēn shí　wéi　jiē qiú zhàn
　　　　　平分后，一方先得1分时，为"接球占
　　　　　xiān huò　fā qiú zhàn xiān　Zhàn xiān hòu zài dé yì fēn
　　　　　先"或"发球占先"。占先后再得1分，
　　　　　cái suàn shèng yì jú　Qí zhōng dé yì fēn wéi　　　　　èr
　　　　　才算 胜一局。其中得1分为 fifteen，2
　　　　　fēn wéi　　　　sān fēn wéi
　　　　　分为 thirty，3 分为 forty。

Chen Dalong：If the two sides score three points each，
　　　　　　　that's a deuce. After that, the one who
　　　　　　　scores one point first, is in the position of

the advantage serve or advantage. If having another point after the advantage serve, the player is considered as winning a game. (winning one point is considered as fifteen, two points as thirty, and three points as forty.)

Wáng Xiǎo dōng
王 小 东：也就是说必须连得两分才算赢。

Wang Xiaodong：That is to say that one must continue to score two points to win.

Chén Dà lóng　Duì
陈大龙：对。

Chen Dalong：Yes.

Wáng Xiǎo dōng　Nà yì bān yào dǎ duō shao jú
王 小 东：那一般要打多少局？

Wang Xiaodong：Well，how many games are usually played?

Chén Dà lóng　Yì fāng xiān shèng liù jú wéi shèng yì pán dàn rú guǒ shuāng
陈大龙：一方先胜 6 局为胜一盘，但如果 双
fāng gè dé wǔ jú shí yì fāng bì xū jìng shèng liǎng jú cái
方各得 5 局时，一方必须净胜 两局才
suàn shèng yì pán
算胜一盘。

Chen Dalong：One who wins six games first is considered as winning a set，but if both win five games，one must win two clean games to be considered as winning a set.

Wáng Xiǎo dōng　Zěn me nà me fù zá
王 小 东：怎么那么复杂。

Wang Xiaodong：Oh，how complicated!

Chén Dà lóng　Hái yǒu jué shèng jú ne　Zài měi pán de jú shù wéi liù píng shí
陈大龙：还有决胜局呢。在每盘的局数为 6 平时，
jìn xíng jué shèng jú xiān dé qī fēn wéi shèng gāi jú jí gāi pán ruò
进行决胜局，先得 7 分为胜该局及该盘，若

运动口语

fēn shù wéi liù píng shí　yì fāng xū jìngshèng èr fēn
分数为 6 平时,一方须净胜 2 分。

Chen Dalong：There is the tie break, then. When the game number of each set is deuce 6, both will have a tie break. Whoever scores seven points first wins the game and the set. If it's a deuce at six, one must win by two clean points.

Wáng Xiǎo dōng　Āi yā　tài luàn le　Wǒ yǐ jīng bèi nǐ gǎo yūn le
王 小 东：哎呀,太乱了,我已经被你搞晕了。

Wang Xiaodong：Alas, too complicated. I'm confused by what you said already.

Chén Dà lóng　Suàn le　nǐ zhǐ xū jì de yī jú zěn me suàn jiù xíng le
陈大龙：算了,你只需记得一局怎么算就行了。

Chen Dalong：Forget it. You simply have to remember how to count one game. That's all.

Wáng Xiǎo dōng　Duì ya　fǎn zhèng wǒ zhè shuǐ píng yě bú gòu dǎ bǐ sài de
王 小 东：对呀,反正我这水平也不够打比赛的。

Wang Xiaodong：Right. Anyway, my level is too inferior to have competitions.

Chén Dà lóng　Hā hā
陈大龙：哈哈。

Chen Dalong：Ha-ha.

词　汇
Vocabulary

对话 1

网球	wǎngqiú /tennis
哪儿	nǎr /where
贵	guì /expensive
体育用品	tǐyù yòngpǐn /sports goods/equipment

140

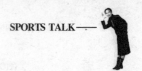

商店	shāngdiàn /store，shop
经常	jīngcháng /often
这儿	zhèr /here
打	dǎ /play
每月	měi yuè /every month
次	cì /time
会员	huìyuán /member
动作	dòngzuò /motion，movement
放大的	fàngdà de /enlarged
活动量	huódòngliàng /range of movement
正手抽球	zhèngshǒu chōuqiú /forehand drive
不灵	bùlíng /awkward
需要	xūyào /need
吊高球	diào gāoqiú /lob

对话 2

因为	yīnwèi /because
比赛规则	bǐsài guīzé /competition rules
告诉	gàosu /tell
胜一局	shèng yì jú /win one game
各	gè /each；every
接球占先	jiē qiú zhàn xiān /advantage serve
发球占先	fā qiú zhàn xiān /advantage receive
其中	qí zhōng /among；in which
必须	bìxū /must
复杂	fùzá /complicated
局数	júshù /number of game

若	ruò /if
分数	fēnshù /point；mark
净胜	jìng shèng /net win
太乱	tài luàn /too confused or disorderly
已经	yǐjīng /already
搞晕	gǎoyūn /make sb. confused
记得	jìde /remember
反正	fǎnzhèng /anyway
水平	shuǐpíng /level

相关用语
Relevant Expressions

dǎ fǎn shǒu qiú
◉ 打反手球
play backhand

dǎ zhèng shǒu qiú
◉ 打正手球
play forehand

líng fēn
◉ 0 分
love

dà mǎn guàn
◉ 大满贯
grand slam

chōn qiú
◉ 抽球
ground strike

◉ 截击/拦网
jié jī / lán wǎng
volley

◉ 吊小球
diào xiǎo qiú
drop shot

◉ 触网球
chù wǎng qiú
net

◉ 重发球
chóng fā qiú
let

◉ 赛点
sài diǎn
match point

◉ 盘点
pán diǎn
set point

◉ 局点
jú diǎn
game point

◉ 轮
lún
round

◉ 发球得分
fā qiú dé fēn
ace

運
動
口
語

fā qiú shī wù
◉ 发球失误
fault

sān pán liǎng shèng zhì
◉ 三盘两胜制
the best of three sets

语言文化小贴士
Language Tips

1. 搞晕

　　"晕"的本意是指"头脑发昏，有天旋地转、人要晕倒的感觉"。搞晕就是指"把某人弄得晕头转向、令人糊涂"的意思。如今"晕"也发展成形容"糊涂、不清楚"。

　　The word "yūn" originally means "feeling dizzy and faint". "Gǎo yūn" refers to "make somebody con

144

fused and disoriented，and muddled". Nowadays，the word " yūn" has developed to refer to "being muddled or unclear".

例：A：哎，相机呢？刚才还放在这儿。

　　B：你不是放回抽屉里了吗？你呀，真够晕的。

　　A：Hey，where is the camera? It was here a moment ago.

　　B：You put it back in the drawer，remember? Oh, how muddled you are!

2. 有那么点儿意思

　　这是一句常用的口语表达，表示"有点儿像，感觉差不多"。

　　This is a colloquial expression，meaning "looking similar，feel more or less the same".

例：你看这孩子画的，还有那么点儿意思。

　　Look at the picture this child drew. It looks like the real one.

网球小知识

　　大满贯（四大赛事）

　　指一个运动员获得温布尔顿网球公开赛、澳大利亚网球公开赛、法国网球公开赛和美国网球公开赛四大比赛的冠军。

　　Grand slam refers to an athlete who wins the championship of four tournaments of the Wimbledon Tournament，the Australian Open，the French Open and the US Open.

运动口语

练 习
Exercises

1. 根据课文对话。Complete dialogues below according to the text.

1）A：你经常来这儿打吗？
　　B：每月都要打个_____次。我是这儿的_____。

2）A：你会抽球吗？
　　B：我的正手抽球还行，反手_____。

3）A：那一般要打_____?
　　B：五局三胜。

4）A：我最喜欢_____了，很过瘾。
　　B：那我就给你吊高球，让你_____。

5）A：你只需记得一局怎么算就行了。
　　B：对呀，反正我这水平也不够_____的。

2. 请用下列词组成短语或句子。Form phrases or sentences by the following words.

　　打　　局　　正手　　反手

保龄球
Unit 8 Bowling

必备用语
Key Expressions

Wǎn shang hái yǒu shén me bié de huó dòng ma
- 晚上还有什么别的活动吗？

What other activities are there tonight?

Zán men qù dǎ bǎo líng qiú zěn me yàng
- 咱们去打保龄球怎么样？

What about going bowling?

Wǒ méi wèn tí
- 我没问题。

Sounds good. /No problem.

Wǒ xiǎng sān jú jiù gòu le
- 我想三局就够了。

I think three games are enough.

Qǐng gěi wǒ men kāi gè qiú dào
- 请给我们开个球道。

Please open a lane for us.

Zǒng bù dǎ shǒu dōu shēng le
- 总不打手都生了。

If you don't play frequently you won't play well.

147

◉ Nǐ xiān lái ba　gěi wǒ men lòu liǎng shǒu
你先来吧，给我们露两手。
You go first, see how good you are.

◉ Lún dào nǐ le
轮到你了。
It's your turn.

◉ Wǒ shì shi
我试试。
I'll try.

情景对话
Situational Dialogues

1. 打保龄球（一）Playing bowling（1）

（Today's Wang Xiaodong's birthday. He and several his friends are having dinner at a restaurant.）

Wáng Xiǎo dōng　Gē jǐ gè　wǎn shang hái yǒu shén me bié de huó dòng ma
王 小 东：哥几个，晚 上 还有什么别的活 动 吗？

Wang Xiaodong：Hey, brothers. What other activities are there tonight?

Péng you Yī Méi yǒu　　Jīn tiān shì zhōu mò　chú le hē jiǔ　méi bié de kě
朋 友1：没有。今天是周末，除了喝酒，没别的可
gàn le
干了。

Friend 1：No. Today is the weekend. I have nothing to do besides drinking.

Wáng Xiǎo dōng　Chī wán fàn　zán men qù dǎ bǎo líng qiú zěn me yàng　　Wǒ qǐng kè
王 小 东：吃完饭，咱们去打保龄球怎么样？我请客。

Wang Xiaodong：How about going bowling after dinner? My treat.

Péng you Yī Xíng wǒ tóng yì
朋友1：行，我同意。

Friend 1：Yeah，I agree.

péng you Èr Wǒ méi wèn tí
朋友2：我没问题。

Friend 2：Sounds good.

Péng you Sān Qù nǎr
朋友3：去哪儿？

Friend 3：Where shall we go?

Wáng Xiǎo dōng Wǒ zhī dào yì jiā bǎo líng qiú guǎn   lí zhèr   bù yuǎn
王 小 东：我知道一家保龄球馆，离这儿不远。

Wǒ dài nǐ men qù
我带你们去。

Wang Xiaodong：I know one bowling alley. It's not far
from here. I'll take you there.

（Reaching the bowling alley）

Wáng Xiǎo dōng Jīn wǎn wǒ men zhǔn bèi dǎ jǐ jú
王 小 东：今晚我们准备打几局？

Wang Xiaodong：How many games shall we play tonight?

Péng you Yī Wǒ xiǎng sān jú jiù gòu le
朋友1：我 想 三局就够了。

Friend 1：I think three games are enough.

Wáng Xiǎo dōng Zánmen jī gè rén
王 小 东：咱们几个人？

Wang Xiaodong：How many are we?

Péng you Èr Sì gè rén
朋友2：四个人。

Friend 2：Four.

Wáng Xiǎo dōng Xiǎo jiě   qǐng gěi wǒ men kāi gè qiú dào   wǒ men yào wánr
王 小 东：小姐，请给我们开个球道，我们要玩儿

sān jú
三局。

運動口語

Wang Xiaodong：Hello，miss. Please open a lane for us. We'd like to play three games，please.

Fú wù yuán Yī Hǎo de   dì liù dào   Zài nà bian huàn xié
服务员 1：好的，第六道。在那边 换 鞋。

Clerk 1：All right. Lane number six. Please change shoes over there.

Fú wù yuán Èr   Xiān sheng   nǐ chuān duō dà hào de xié
服务员 2：先 生，你 穿 多大号的鞋?

Clerk 2：Sir，what size of shoes do you wear?

Wáng Xiǎo dōng   Wǒ yào sì shí hào de xié   gěi tā sì shí'èr hào de   hái yǒu
王 小 东：我要 40 号的鞋，给他 4 2 号的，还有
liǎng shuāng sì shí sān hào de
两 双 4 3 号的。

Wang Xiaodong：I want size 40. Please give him size 42，and two pairs of size 43.

Fú wù yuán Èr   Zhè shì wà zi hé xié
服务员 2：这是袜子和鞋。

Clerk 2：Here are socks and shoes.

Wáng Xiǎo dōng   Xiè xie
王 小 东：谢谢。

Wang Xiaodong：Thanks.

2. 打保龄球(二)Playing bowling(2)

（At lane six.）

Péng you Yī   Nǐ cháng dǎ bǎo líng qiú ma
朋友 1：你 常 打保龄球吗?

Friend 1：Do you often go bowling?

Wáng Xiǎo dōng   Bù cháng dǎ   Nǎr   yǒu shí jiān a
王 小 东：不常 打。哪儿有时间啊。

Wang Xiaodong：Not often. How can I have the time?

Péng you Yī   Wǒ yě shì hǎo jiǔ méi dǎ le   Zuì hòu yí cì hái shì qù nián
朋友 1：我也是好久没打了。最后一次还是去年

de guó qìng jié   gōng sī jǔ xíng de bǎo líng qiú bǐ sài
的国庆节，公司举行的保龄球比赛。

Friend 1：I haven't played for a long time either. The last time I played was last National Day. It was a bowling competition held by the company.

Péng you Èr Xíng a   néng dǎ bǐ sài de zhǔr   shuǐ píng yí dìng cuò bù liǎo
朋友2：行啊，能打比赛的主儿，水平一定错不了。

Friend 2：Well，great. A man who can join in a competition must be at a high level.

Péng you Yī   Bù xíng   zǒng bù dǎ shǒu dōu shēng le
朋友1：不行，总不打手都生了。

Friend 1：No. As I don't play frequently，I don't play well.（I'm out of practice how.）

Wáng Xiǎo dōng   Nǐ dǎ nǎ zhǒng qiú lù   qū qiú hái shì fēi dié qiú
王小东：你打哪种球路，曲球还是飞碟球？

Wang Xiaodong：What type of delivery do you use，a curve or a spinner？

Péng you Yī Wǒ dǎ qū qiú   nǐ ne
朋友1：我打曲球。你呢？

Friend 1：I use a curve. What about you？

Wáng Xiǎo dōng Wǒ dǎ bǎo líng qiú de jì shù tài yè yú le   Wǒ zhǐ shì
王小东：我打保龄球的技术太业余了。我只是

miáo zhǔn qiú píng dǎ zhí qiú
瞄准球瓶，打直球。

Wang Xiaodong：My techniques of bowling are too amateur. I only play off the pins and send a straight ball.

Péng you Yī   Nǐ huàn hǎo xié le ma
朋友1：你换好鞋了吗？

Friend 1：Have you changed shoes yet？

Wáng Xiǎo dōng　Nǐ xiān lái ba　gěi wǒ men lòu liǎng shǒu
王 小 东：你先来吧，给我们露两手。

Wang Xiaodong：You go first，see how good you are.

Ná qiú
（拿球）

（pick up a ball）

Péng you Yī　Zǒu
朋友1：走！

Friend 1：Go.

Péng you Èr　Wā　quán zhòng　Hǎo bàng ya
朋友2：哇，全 中！好棒呀！

Friend 2：Whoa，strike. Wonderful.

Wáng Xiǎo dōng　Wǒ shì shi　Zhēn chòu　Xǐ gōu le
王 小 东：我试试。真 臭！洗沟了。

Wang Xiaodong：Let's me try. Oh，too bad. A gutter ball.

Péng you Yī　Dǎ dǎo liǎo qī gè　bú cuò
朋友1：打倒了7个，不错。

Friend 1：You hit down seven，not bad.

Péng you Èr　Wǒ lái　Āi yā　fēn píng le
朋友2：我来。哎呀，分瓶了。

Friend 2：I'll try. Alas，split.

Péng you Yī　Zhǐ néng miáo zhǔn yí gè dǎ le
朋友1：只能 瞄 准一个打了。

Friend 1：You have to aim for one.

Péng you Sān　Méi dǎ zhòng
朋友3：没打中。

Friend 3：I missed.

Péng you Èr　Lún dào nǐ le
朋友2：轮到你了。

Friend 2：It's your turn.

Wáng Xiǎo dōng　Piào liang　Yō　hái shèng yí gè píng
王 小 东：漂 亮。哟，还剩一个瓶。

Wang Xiaodong：Bravo! Yah，there is one left.

Péng you Yī Hǎo qiú   bǔ zhòng le
朋友1：好球，补中了。
Friend 1：Good ball. Spare.

Wáng Xiǎo dōng   Nǐ zhēn xíng   Nǐ dǎ guo liǎng cì quán dǎo ma
王 小 东：你真行！你打过两次全倒吗？
Wang Xiaodong：You're superb. Have you ever gotten
two strikes in a row?

Péng you Yī Dǎ guo
朋友1：打过。
Friend 1：Yes.

Wáng Xiǎo dōng   Nà sān cì quán dǎo ne
王 小 东：那三次全倒呢？
Wang Xiaodong：How about a turkey?

Péng you Yī Ǒu ěr dàn bù duō
朋友1：偶尔，但不多。
Friend 1：Once in a while, but not much.

Péng you Èr Liǎo bù qǐ   nǐ kuài jiāo jiao wǒ men ba
朋友2：了不起，你快教教我们吧。
Friend 2：Amazing. Please teach us quickly.

词　汇
Vocabulary

对话 1

晚上	wǎnshang /evening
活动	huódòng /activity
周末	zhōumò /weekend
别的	bié de /else
吃完饭	chī wán fàn /after meal
打保龄球	dǎ bǎolíngqiú /play bowling
请客	qǐngkè /treat

同意	tóngyì /agree
保龄球馆	bǎolíngqiúguǎn /bowling alley
准备	zhǔnbèi /prepare
开球道	kāi qiúdào /open lane
换鞋	huàn xié /change shoes
穿	chuān /wear
号	hào /size
鞋	xié /shoe
两双	liǎng shuāng /two pairs of
袜子	wàzi /socks

对话 2

时间	shíjiān /time
好久	hǎojiǔ /long time
去年	qùnián /last year
国庆节	guóqìngjié /national day
公司	gōngsī /company
举行	jǔxíng /hold
球路	qiúlù /delivery
曲球	qūqiú /curve
飞碟球	fēidiéqiú /spinner
业余	yèyú /amateur
瞄准	miáozhǔn /aim at
球瓶	qiúpíng /pin
直线球	zhíxiànqiú /straight ball
露两手	lòu liǎngshǒu /show off
拿球	ná qiú /pick up a ball；hold a ball

全中	quán zhòng /strike
试试	shìshi /try
洗沟	xǐgōu /gutter ball
打倒	dǎdǎo /hit over
分瓶	fēn píng /split
剩	shèng /left
补中	bǔ zhòng /spare
全倒	quán dǎo /strike
偶尔	ǒu'ěr /once in a while

相关用语
Relevant Expressions

Wǒ kě shì gè xīn shǒu
◉ 我可是个新手。
I'm just a beginner.

Dǎ chéng zhè yàng yǐ jīng hěn hǎo le
◉ 打成这样已经很好了。
It's good enough to play like this.

Jīn tiān shǒu qì hǎo
◉ 今天手气好。
I'm lucky today.

Wǒ dǎ qiú quán píng zhuàng dà yùn
◉ 我打球全凭撞大运。
My playing totally depends on trying my luck.

Dǎ bù hǎo xiā dǎ
◉ 打不好,瞎打。
I can't play well, I just play at random.

Kāi shén me wán xiào

● 开什么玩笑。

Are you kidding?

Nǐ zhēn shì gè bǎo líng qiú gāo shǒu

● 你真是个保龄球高手！

What a bowler you are!

语言文化小贴士
Language Tips

1. 手生

这是指对所做的事不熟悉或原来熟悉，由于长时间不做某事而不熟练。类似的说法有"没有手感"。

The word "shǒu shēng" means one is unfamiliar with one thing or doesn't do well because of lacking practice

for a long time. Another similar expression is "méi yǒu shǒu gǎn".

2. 露一手

这是指在某一方面或某件事上显示本领。

The word "lòu yì shǒu" means "show off", to show one's ability on something or in a certain field.

练　习
Exercises

1. 根据课文完成对话。Complete dialogues below according to the text.

1) A：晚上_____？
   B：没有。今天是周末，除了喝酒，没别的可干了。

2) A：去哪儿？
   B：我_____，_____。我带你们去。

3) A：今晚我们准备打几局？
   B：我想_____。

4) A：你常打保龄球吗？
   B：不常打。_____。

5) A：你打_____，曲球还是飞碟球？
   B：我打曲球。

2. 根据下列解释说出相应的词语。Speak out the words or expressions according to the explanations given below.

1) can't play well because of lacking practice for long

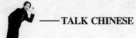
time

2) show off
3) play frequently
4) intend to play several games
5) hit all the balls down at one time

田 径
Unit 9 Track and Field

必备用语
Key Expressions

Bié hài pà　nǐ néng xíng
● 别害怕,你能行。
Don't be afraid. You can do it.

Yào yǒu zì xìn
● 要有自信。
Have confidence.

Jiā yóu
● 加油!
Go!

Jì xù
● 继续!
Keep going!

Bié fàng sōng
● 别放松。
Don't relax.

Zhēn liǎo bù qǐ　nǐ pǎo de hǎo jí le
● 真了不起,你跑得好极了。
You're amazing. You ran beautifully.

运动口语

Nà dǎo shì
◉ 那倒是。

That's true.

Kàn lái nǐ xǐ huan jìng sài
◉ 看来你喜欢径赛。

It looks as if you prefer track events.

Nán guài yǒu nà me duō rén xiǎng kàn ne
◉ 难怪有那么多人想看呢。

No wonder there are so many people who want to watch it.

Wǒ xī wàng liú xiáng ná guàn jūn
◉ 我希望刘翔拿冠军。

I hope Liu Xiang will win the championship.

Bú duàn qǔ dé hǎo chéng jī chuàng zào xīn de shì jiè jì lù
◉ 不断取得好成绩，创造新的世界纪录。

Continue to achieve good results，and create new world records.

Kě bú shì ma
◉ 可不是嘛。

You bet.

情景对话
Situational Dialogues

1. 参加运动会 Taking part in the sports meet

（At the school sports meet，the 1,500-meter competition is about to begin.）

Xiāo Yīng Wǒ hài pà   Wǒ bù xiǎng cān jiā bǐ sài le
肖　英：我害怕。我不想参加比赛了。
Xiao Ying：I'm scared. I don't want to run in the race.

Lǎo shī Bié hài pà   nǐ néng xíng
老　师：别害怕，你能 行。
Teacher：Don't be afraid. You can do it.

Xiāo Yīng Wǒ pà pǎo bú xià lái
肖　英：我怕跑不下来。
Xiao Ying：I'm afraid I can't run（all the way）.

Lǎo shī Nǐ méi wèn tí   yí dìng néng chéng   Yào yǒu zì xìn
老　师：你没问题，一定 能 成。要有自信。
Teacher：You have no problem. You surely can do it.
　　　　 Have confidence.

Cái pàn yuán Gè jiù gè wèi   yù bèi   pēng
裁判 员：各就各位，预备，"砰"！
Referee：On your mark，ready，"go"（bang）!

（The competition begins.）

Tóng   xué Yī Jiā yóu   Jiā yóu
同　学1：加油！加油！
Student 1：Go! Go!

Lǎo shī Hǎo yàng de   Jì xù
老　师：好 样 的！继续！
Teacher：You've got it! Keep going!

Tóng   xué Èr Zài jiā bǎ yóu bié fàng sōng
同　学2：再加把油，别放 松。
Student 2：Come on，harder. Don't relax.

Lǎo shī Jiān chí dào dǐ   jiù shì shèng lì
老　师：坚持到底，就是 胜利！
Teacher：Stick it out. You've got to win.

（The competition is over.）

Lǎo shī Zhēn liǎo bù qǐ nǐ pǎo de hǎo jí le Nǐ zhī dào ma Nǐ
老 师：真了不起，你跑得好极了。你知道吗？你

shì zuì bàng de
是最棒的。

Teacher：You're amazing. You ran beautifully. Do
you know you were the best?

Tóng xué Yī Tài hǎo le Xiāo Yīng nǐ dé le dì yī míng ne
同 学1：太好了，肖英，你得了第一名呢。

Student1：Great! Xiao Ying, you get the first.

Xiāo Yīng Zhè gè chéng jì lián wǒ zì jǐ dōu bù gǎn xiāng xìn
肖 英：这个成绩，连我自己都不敢相信。

Xiao Ying：I even can't believe my time myself.

2. 谈论田径比赛(一)Talking about track and field

（Wang Xiaodong and Chen Dalong are talking about
track and field events.）

Wáng Xiǎo dōng Āi nǐ gǎo dào tián jìng bǐ sài de piào le méi yǒu
王 小 东：哎，你搞到田径比赛的票了没有？

Wang Xiaodong：Hey, have you got the tickets for the
track and field events?

Chén Dà lóng Hái méi ne Nǐ zhī dào tián jìng bǐ sài de piào bú hǎo lòng
陈大龙：还没呢。你知道田径比赛的票不好弄，

bú guò wǒ yǐ jīng tuō péng you nòng qù le
不过我已经托朋友弄去了。

Chen Dalong：Not yet. You know the tickets of track
and field events are hard to get. But I
have asked my friends to look for some.

Wáng Xiǎo dōng Nòng piào yě yào zǒu hòu mén a
王 小 东：弄票也要走后门啊？

Wang Xiaodong：Do we need to pull strings to get tickets?

Chén Dà lóng Lǎo xiōng zhè kě shì Ào yùn huì tián jìng bǐ sài Shéi bù
陈大龙：老兄，这可是奥运会田径比赛。谁不

xiǎng kàn ya yǒu duō shao shì jiè míng xīng lái cān sài a
想 看 呀，有 多 少 世 界 明 星 来 参 赛 啊。

Chen Dalong：Old man，this is the track and field e-
vents of the Olympic Games. Who doesn't
want to watch it? There will be so many
world stars to take part in.

Wáng Xiǎo dōng Nà dào shì tián jìng bǐ sài nǎ gè xiàng mù nǐ jué de zuì
王 小 东：那 倒 是，田 径 比 赛 哪 个 项 目 你 觉 得 最
hǎo kàn
好 看？

Wang Xiaodong：That's true. Which item of the track and
field events do you like to watch the best?

Chén Dà lóng Dāng rán shì nán zǐ bǎi mǐ jué sài le hái yǒu yì bǎi yī shí mǐ
陈 大 龙：当 然 是 男 子 百 米 决 赛 了，还 有 110 米
kuà lán sì chéng yì bǎi mǐ jiē lì
跨 栏，4 × 100米 接 力。

Chen Dalong：Certainly the man's 100-meter race fi-
nal，and 110-meter hurdles，and 4×100-
meter relay.

Wáng Xiǎo dōng Ó kàn lái nǐ xǐ huan jìng sài
王 小 东：哦，看 来 你 喜 欢 径 赛。

Wang Xiaodong：Oh，it looks as if you prefer track events.

Chén Dà lóng Tián sài méi yǒu duō dà yì si bù xǐ huan kàn tóu zhì xiàng
陈 大 龙：田 赛 没 有 多 大 意 思，不 喜 欢 看 投 掷 项
mù lì rú tiě bǐng qiān qiú biāo qiāng hé liàn qiú
目，例 如 铁 饼、铅 球、标 枪 和 链 球。

Chen Dalong：Field events are not very interesting. I
don't like to watch throwing events，like
discus，shot，javelin，and hammer.

Wáng Xiǎo dōng Ng nà xiē xiàng mù shì yǒu xiē kū zào Qiáo nà xiē tóu
王 小 东：嗯，那 些 项 目 是 有 些 枯 燥。瞧 那 些 投

zhì de yùndòngyuán dōu shì dà lì shì　Nà kuài tóu hé dūn
掷的运动员都是大力士。那块头和吨
wèi　bú shì yì bān rén néng bǐ de
位,不是一般人能比的。

Wang Xiaodong：These items are somewhat boring.
Look at those throwing athletes，they are
all Hercules. The size and weight are not
comparable to normal people.

Chén Dà lóng　Nà dāng rán　　Dàn wǒ hái shì xǐ huan tǐ xíng piāo liang de　kàn
陈大龙:那当然。但我还是喜欢体形漂亮的,看
nà xiē tiào yuǎn hé tiào gāo de xuǎn shǒu　shēn cái bèir　bàng
那些跳远和跳高的选手,身材倍儿棒。

Chen Dalong：Of course. However，I like those with
beautiful figures. Look at those long jumpers
and high jumpers. Their statures are superb.

Wáng Xiǎo dōng　Wǒ jué de sān jí tiào tè bié yǒu yì si　yùn dòng yuán zài
王 小东:我觉得三级跳特别有意思,运动员在
kōngzhōng hái néng zuò chū zǒu bù de yàng zi　Zhēn shì jué
空中还能做出走步的样子。真是绝
le
了。

Wang Xiaodong：I think the triple jump is extremely
interesting. Athletes can move their legs
like walking in the air. That's really amaz-
ing.

Chén Dà lóng　Qí shí　tián jìng shì zuì gǔ lǎo　zuì měi de yùn dòng
陈大龙:其实,田径是最古老、最美的运动。

Chen Dalong：In fact，track and field is the oldest，
and the most beautiful sport.

Wáng Xiǎo dōng　Nán guài yǒu nà me duō rén xiǎng kàn ne
王 小东:难怪有那么多人想看呢。

Wang Xiaodong：No wonder there are so many people

who want to watch it.

3. 谈论田径比赛(二) Talking about track and field

Chén Dà lóng　Zhè cì yì bǎi yī shí mǐ lán Liú Xiáng hé Yuē hàn xùn yào yǒu yì pīn le

陈大龙：这次 110 米栏刘翔和约翰逊要有一拼了。

Chen Dalong：This time in the 110-meter hurdle race，
　　　　　　Liu Xiang and Johnson will compete.

Wáng Xiǎo dōng　Shì a　èr líng líng sì nián Yǎ diǎn Ào　yùn huì shang Liú Xiáng

王 小 东：是啊，2004 年雅典奥运会上刘翔

píng le shì jiè jì lù　　Liǎng nián hòu Liú Xiáng yǐ shí èr

平了世界记录。两年后刘翔以 12

miǎo bā bā dǎ pò le shì jiè jì lù

秒 88 打破了世界记录。

Wang Xiaodong：Yes. Liu Xiang equaled the world re-
　　　　　　cord in the Athens Olympic Games in
　　　　　　2004. Two years later Liu Xiang broke the
　　　　　　world record in 12'88.

Chén Dà lóng　Nǐ shuō zhè cì shéi néng ná guàn jūn ne

陈大龙：你说这次谁能拿冠军呢？

Chen Dalong：Who do you think will win the champi-
　　　　　　onship this time?

Wáng Xiǎo dōng　Méi pǔ　　Dāng rán　wǒ hái shi xī wàng Liú Xiáng ná guàn jūn la

王 小 东：没谱。当然，我还是希望刘翔拿冠军啦。

Wang Xiaodong：It's hard to tell. Of course，I hope Liu
　　　　　　Xiang will win the championship.

Chén Dà lóng　Tā kě shì duó jīn shí lì zuì qiáng de rén xuǎn le　　Āi　nǐ

陈大龙：他可是夺金实力最强的人选了。哎，你

fā xiàn méi yǒu　tián jìng xiàng mù zhōng pǎo tiào guàn jūn duō

发现没有，田径项目中跑跳冠军多

shì hēi rén

是黑人。

运动口语

Chen Dalong：He is the candidate with the greatest strength for winning the gold medal. Hey，have you discovered that among the running and jumping events，ones who win the championship are mostly the blacks.

Wáng Xiǎo dōng Wǒ zǎo jiù zhù yì dào le　Zhè shì yīn wèi hēi rén de bào
王 小 东：我早就注意到了。这是因为黑人的爆
fā lì hǎo tán tiào lì yě hěn qiáng suǒ yǐ tè bié shì hé
发力好,弹跳力也很 强 ,所以特别适合
zhè zhǒng yùn dòng
这 种 运 动 。

Wang Xiaodong：I have noticed that before. This is because the blacks have good explosive force and excellent jumping capacity. So they are mostly suitable for this sport.

Chén Dà lóng Zhè me shuō Liú Xiáng néng zài yì bǎi yī shí mǐ lán shang duó guàn
陈 大 龙：这么说,刘 翔 能 在 110 米栏 上 夺冠
zhēn de bù róng yi
真的不容易。

Chen Dalong：In this case，it's not very easy for Liu Xiang to win the championship in the 110-meter hurdle race.

Wáng Xiǎo dōng Kě bú shì ma Xī wàng Liú Xiáng néng bǎo chí zhè zhǒng
王 小 东：可不是嘛。希望刘 翔 能 保持这 种
zhuàng tài bìng bú duàn qǔ dé hǎo chéng jì chuàng zào
状 态,并不断取得好成 绩, 创 造
xīn de shì jiè jì lù
新的世界纪录。

Wang Xiaodong：You bet. I hope Liu Xiang can keep this state and continue to achieve good results，and create new world records.

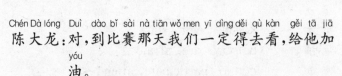

Chén Dà lóng　Duì　dào bǐ sài nà tiān wǒ men yī dìng děi qù kàn　gěi tā jiā

陈大龙：对，到比赛那天我们一定得去看，给他加

yóu

油。

Chen Dalong：We must go to watch the competition on that day and cheer for him.

Wáng Xiǎo dōng　Jiù shì　Suǒ yǐ　nǐ děi zhuā jǐn bǎ piào zǎo diǎnr　gǎo

王 小 东：就是。所以，你得抓紧把票早点儿搞

dào shǒu　fǒu zé　shuō shén me yě bái dā

到手，否则，说什么也白搭。

Wang Xiaodong：Definitely. So you have to hurry up to get the tickets early. Otherwise it's useless to say anything.

Chén Dà lóng　Hǎo　děng wǒ yì huí dào jiā jiù gěi wǒ péng you dǎ diàn huà

陈大龙：好，等我一回到家就给我朋友打电话，

cuī tā

催他。

Chen Dalong：All right. I'll call my friend to urge him as soon as I get home.

Wáng Xiǎo dōng　Jì zhù le　bié wàng le

王 小 东：记住了，别忘了。

Wang Xiaodong：Remember，don't forget.

Chén Dà lóng　Nǎ néng a　zhè kě shì tóu děng dà shì na

陈大龙：哪能啊，这可是头等大事哪。

Chen Dalong：How can I？ This is a crucial thing.

词　汇
Vocabulary

对话 1

运动会　　　yùndònghuì /sports meet

就要　　　　jiùyào /be about to

开始　　　　kāishǐ /begin，start
害怕　　　　hàipà /scare；afraid
参加　　　　cānjiā /participate，attend
比赛　　　　bǐsài /competition
怕　　　　　pà /scare；afraid
下来　　　　xiàlai /come down，get down，off
自信　　　　zìxìn /confident；confidence
加油　　　　jiāyóu /make an extra effort；go
继续　　　　jìxù /keep going
坚持到底　　jiānchí dàodǐ /stick it out
胜利　　　　shènglì /win
了不起　　　liǎobùqǐ /amazing，remarkable
成绩　　　　chéngjì /score，result
连　　　　　lián /even
相信　　　　xiāngxìn /believe

对话 2

田径　　　　tiánjìng /track and field
搞到　　　　gǎodào /get
票　　　　　piào /ticket
走后门　　　zǒu hòumén /get in by the back door；se-
　　　　　　cure advantages through pull or influence；
　　　　　　pull strings
参赛　　　　cān sài /take part in a match
男子　　　　nán zǐ /man
跨栏　　　　kuàlán /hurdles；hurdle race
接力　　　　jiēlì /relay

田径 Track and Field

径赛	jìngsài /track events
田赛	tiánsài /field events
意思	yìsi /interest
投掷	tóuzhì /throwing
铁饼	tiěbǐng /discus
铅球	qiānqiú /shot
标枪	biāoqiāng /javelin
链球	liànqiú /hammer throw
枯燥	kūzào /boring
大力士	dàlìshì /Hercules; strong man
比	bǐ /compare to
体形	tǐxíng /figure, shape
漂亮的	piàoliang de /beautiful
跳远	tiàoyuǎn /long jump
跳高	tiàogāo /high jump
身材	shēncái /stature; figure
三级跳	sān jí tiào /hop, step and jump; triple jump
空中	kōngzhōng /in the air
走步	zǒubù /walk
样子	yàngzi /look; manner
古老	gǔlǎo /old, ancient
运动	yùndòng /sport

对话 3

有一拼	yǒu yì pīn /have a competition; compete
平了	píng le /equal
世界记录	shìjiè jìlù /world record

打破	dǎpò	/break
希望	xīwàng	/hope
夺金	duó jīn	/seize the gold medal
实力	shílì	/strength; ability
人选	rénxuǎn	/candidate
发现	fāxiàn	/discover; find
黑人	hēirén	/black people
注意	zhùyì	/notice
爆发力	bàofālì	/explosive force
弹跳力	dàntiàolì	/bouncing capacity
保持	bǎochí	/keep
状态	zhuàngtài	/state
不断	búduàn	/continuously
取得	qǔdé	/achieve
成绩	chéngjì	/result; achievement
抓紧	zhuājǐn	/grasp
否则	fǒuzé	/otherwise
白搭	báidā	/no good; no use
催	cuī	/urge
头等	tóuděng	/crucial
大事	dàshì	/great event

相关用语
Relevant Expressions

shì jiè dà xué shēng yùn dòng huì

 ◉ 世界大学生运动会

World University Games; Universiade

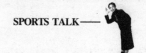

guó jì bǐ sài
◉ 国际比赛
international tournament

yāo qǐng sài
◉ 邀请赛
invitational tournament

jǐn biāo sài
◉ 锦标赛
championship

dōng dào guó
◉ 东道国
host country/nation

tǐ yù chǎng
◉ 体育场
stadium; sports field/ground

tǐ yù guǎn
◉ 体育馆
gymnasium, gym; indoor stadium

bǐ sài chǎng guǎn
◉ 比赛场馆
competition gymnasiums and stadiums

guān zhòng
◉ 观众
spectator

nán zǐ xiàng mù
◉ 男子项目
men's event

● nǚ zǐ xiàng mù
女子项目
women's event

● nán zǐ shí xiàng quán néng
男子十项全能
men's decathlon

● nǚ zǐ qī xiàng quán néng
女子七项全能
women's heptathlon

● gōng lù sài
公路赛
road events

● mǎ lā sōng
马拉松
marathon

● jìng zǒu
竞走
walk

● quán néng guàn jūn
全能冠军
all-round champion

● yà jūn
亚军
second; silver medalist

● dì sān míng
第三名
third; bronze medalist

shì jiè jì lù bǎo chí zhě
● 世界纪录保持者
world-record holder

zhàng ài sài
● 障碍赛
steeplechase

chēng gān tiào gāo
● 撑杆跳高
pole jump；pole vault

语言文化小贴士
Language Tips

中国有这样一句话："气可鼓，不可泄"。在别人遇到困难，缺少勇气的时候，你一定要给他/她打气、鼓劲，千万不能给他/她泄气。在鼓励自己或别人时，常用的字词有：能、一定、太、多、真等。如：我能，你能行，你一定没问题，太棒了，太好了，多棒，真棒，真好。

Chinese have a saying："One should be encouraged, but never being discouraged." When someone meets with difficulties and lacks courage, you must boost his or her morale, and never discourage him or her. When encouraging yourself or others, the most frequently used words include："néng" (can), "yídìng" (surely can), "tài" (very), "duō" (how), "zhēn" (really). For example：I can；You can；You surely have no problem；Wonderful；Terrific；Excellent；Remarkable；Very good.

练 习
Exercises

1. 请从下列词语中选出非鼓励性的词语。Which of the following are not encouraging expressions?

1）别害怕，你能行。

2）真是绝了。

3）记住了，别忘了。

4）好样的！继续！

5）没戏了。

6）再加把油。

7）真不容易。

8）你没问题，一定能成。

2. 根据课文选择适当的词语完成句子。Choose the right words to complete the sentences below according to the text.

 搞到　白搭　相信　参赛　夺冠

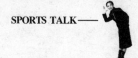

1) 这个成绩,连我自己都不敢_____。

2) 你_____田径比赛的票了没有?

3) 谁不想看呀,有多少世界明星来_____啊。

4) 刘翔能在 110 米栏上_____真的不容易。

5) 否则,说什么也_____。

3. 填空组词。Fill in proper words to make sentences.
1) _____世界记录
2) _____世界记录
3) _____世界记录

游 泳
Unit 10 Swimming

必备用语
Key Expressions

Zhēn qiǎo méi xiǎng dào pèng dào nǐ zhè jiā huo le
● 真 巧,没 想 到 碰 到 你 这 家 伙 了。
What a coincidence! I didn't expect to meet you here.

Nǐ cháng lái yóu yǒng ma
● 你 常 来 游 泳 吗?
Do you often come to swim?

Dōu huì nǎ zhǒng zī shì
● 都 会 哪 种 姿 势?
Which styles can you do?

Wǒ zhī huì wā yǒng
● 我 只 会 蛙 泳。
I can only do breast stroke.

Wǒ bù gǎn huàn qì   zǒng pà qiāng zhe
● 我 不 敢 换 气,总 怕 呛 着。
I just dare not breathe. I'm always afraid of being choked.

Tài shài le   wǒ men hái shi zū yí gè zhē yáng sǎn ba
● 太 晒 了,我 们 还 是 租 一 个 遮 阳 伞 吧。

游泳 Swimming

It's too sunny. Let's rent a beach umbrella.

Yào tā gàn shén me
◉ 要它干什么?
What do you want that for?

Dài shàng yǒng jìng hé jiǎo pǔ
◉ 带上泳镜和脚蹼。
Put on goggles and flippers.

Bù pú yǒu jiù shēng quān ne
◉ 不怕,有救生圈呢。
Don't be scared. We've got a life ring.

Wǒ xiǎng xué yǎng yǒng
◉ 我想学仰泳。
I want to learn backstroke.

Yào shì néng qián shuǐ jiù hǎo le
◉ 要是能潜水就好了。
It would be great if we could go diving.

Bié zuò mèng le
◉ 别做梦了。
Don't daydream.

情景对话
Situational Dialogues

1. 在游泳馆 At the swimming pool
(Wang Xiaodong runs into his old classmate at the swimming pool by chance.)

运动口语

Wáng Xiǎo dōng　Āi yōu　zhè bú shì Zhào Nà nà ma

王 小 东：哎呦，这不是赵娜娜吗？

Wang Xiaodong：Oh, isn't it Zhao Nana?

Zhào Nà nà　Āi yā　Wáng Xiǎo dōng　Zhēn qiǎo　méi xiǎng dào pèng dào nǐ

赵 娜 娜：哎呀，王 小 东。真 巧，没 想 到 碰 到 你

zhè jiā huo le

这家伙了。

Zhao Nana：Oh, Wang Xiaodong. What a coincidence! I didn't expect to meet you here.

Wáng Xiǎo dōng　Nǐ zěn me zài zhèr

王 小 东：你怎么在这儿？

Wang Xiaodong：How come you are here?

Zhào Nà nà　Wǒ dài hái zi xué yóu yǒng lái le　Nào zài nàr　shàng yóu

赵 娜 娜：我带孩子学游泳来了。呶，在那儿上 游

yǒng kè ne

泳课呢。

Zhao Nana：I brought my child here to learn swimming. See, he's having a swimming lesson there.

Wáng Xiǎo dōng　Nǎ gè shì ya

王 小 东：哪个是呀？

Wang Xiaodong：Which one?

Zhào Nà nà　Nà gè nán háir

赵 娜 娜：那个男孩儿。

Zhao Nana：That boy.

Wáng Xiǎo dōng　Zhēn kuài　yì zhuǎn yǎn　hái zi dōu nà me dà le　Nǐ

王 小 东：真 快，一 转 眼，孩子都那么大了。你

cháng lái yóu yǒng ma

常 来 游 泳 吗？

Wang Xiaodong：How time flies. In a instant, your child has grown this tall. Do you often come to swim?

游泳 Swimming

Zhào Nà na　Cháng lái，zhǐ shì wèi le duàn liàn shēn tǐ　Wǒ yóu de bù

赵娜娜：常 来，只 是 为 了 锻 炼 身 体。我 游 得 不

hǎo

好。

Zhao Nana：Yes. Only for exercising. I'm not a good
　　　　　　swimmer.

Wáng Xiǎo dōng　Dōu huì nǎ zhǒng zī shì　Wā yǒng　yǎng yǒng　hái shi zì

王 小 东：都 会 哪 种 姿 势？蛙 泳、仰 泳，还 是 自

yóu yǒng

由 泳？

Wang Xiaodong：Which styles can you do—breast
　　　　　　　stroke，backstroke，or freestyle?

Zhào Nà na　Wǒ kě bú huì nà me duō zī shì　wǒ zhǐ huì wā yǒng　dàn bú

赵娜娜：我 可 不 会 那 么 多 姿 势，我 只 会 蛙 泳，但 不

tài huì huàn qì

太 会 换 气。

Zhao Nana：I can't do so many styles. I can only do
　　　　　　breast stroke，but can't breathe well.

Wáng Xiǎo dōng　Qí shí yóu yǒng bù nán　zhǔ yào shì zhǎng wò huàn qì

王 小 东：其 实 游 泳 不 难，主 要 是 掌 握 换 气。

Wang Xiaodong：In fact，swimming is not difficult.
　　　　　　　The main thing is to master breathing.

Zhào Nà na　Wǒ bù gǎn huàn qì　zǒng pà qiāng zhe

赵娜娜：我 不 敢 换 气，总 怕 呛 着。

Zhao Nana：I just dare not breathe. I'm always afraid
　　　　　　of being choked.

Wáng Xiǎo dōng　Méi shì　zhù yì huàn qì de jié zòu　tái tóu xī qì　zài shuǐ

王 小 东：没 事，注 意 换 气 的 节 奏，抬 头 吸 气，在 水

xià tǔ qì　xiàng zhè yàng

下 吐 气，像 这 样。

Wang Xiaodong：It doesn't matter. Pay attention to
　　　　　　　timing. Breathe when raising the head and

运动 口语

breathing out down in the water, like this.

(The swimming class is over. Xiaohu, Zhao Nana's son, is coming to her.)

Xiǎo hǔ Mā nǐ zài zhèr yóu ne
小 虎：妈，你在这儿游呢。
Xiaohu: Mum, you are swimming here.

Zhào Nà nà Ng Wǒ yù jiàn le lǎo tóng xué kuài jiào Wáng shū shu
赵娜娜：嗯，我遇见了老同学，快叫王叔叔。
Zhao Nana：Yes. I met my old classmate. Come to meet Uncle Wang.

Xiǎo hǔ Wáng shū shu
小 虎：王叔叔。
Xiaohu：Uncle Wang.

Wáng Xiǎo dōng Āi zhēn shì hǎo hái zi Jīn tiān xué shén me le
王 小 东：哎，真是好孩子。今天学什么了？
Wang Xiaodong：Yes. What a good boy. What did you learn today?

Xiǎo hǔ Wǒ men jīn tiān xué de shì zì yóu yǒng gāng liàn xí yòng jiǎo dǎ
小 虎：我们今天学的是自由泳，刚练习用脚打
shuǐ Zhēn lèi ya
水。真累呀。
Xiaohu：We learned freestyle today, but only practice paddling with feet. How tiring.

Wáng Xiǎo dōng Yì kāi shǐ lèi dàn liàn cháng le jiù xí guàn le
王 小 东：一开始累，但练长了就习惯了。
Wang Xiaodong：It's tiring at the beginning, but you'll be used to it after practicing for some time.

Xiǎo hǔ Wǒ kàn rén jiā yóu zì yóu yǒng hěn qīng sōng suǒ yǐ xiǎng xué
小 虎：我看人家游自由泳很轻松，所以想学。

Wǒ hái xiǎng xué tiào shuǐ ne
我还想学跳水呢。

Xiaohu：I see others doing freestyle very easily，so I want to learn. I also want to learn diving.

Wáng Xiǎo dōng　Bié zhuó jí　màn màn xué　Nǐ yí dìng néng xué hǎo de
王 小 东：别着急，慢慢学。你一定能学好的。

Wang Xiaodong：Don't worry. Take your time. You'll learn it well，I'm sure.

Zhào Nà Nà　nà wǒ men xiān zǒu le　xià cì xī wàng hái néng jiàn dào nǐ
赵娜娜：那我们先走了，下次希望还能见到你。

Zhao Nana：Well，we'll leave now. Hope to see you next time.

Wáng Xiǎo dōng　Méi zhǔnr　zài jiàn
王 小 东：没准儿，再见。

Wang Xiaodong：Perhaps. See you.

2. 在海滩 At the beach

（One day in August，Zhao Nana and her husband Liu Tao bring their son Xiaohu to swim in the sea. ）

Xiǎo　hǔ　Mā ma　tài shài le　wǒ men hái shì zū yí gè zhē yáng sǎn
小 虎：妈妈，太晒了，我们还是租一个遮阳伞
　　　 ba
　　　吧。

Xiaohu：Mum，it's too sunny. Let's rent a beach umbrella.

Zhào Nà nà　Hǎo ba　zài zū liǎng bǎ tǎng yǐ
赵娜娜：好吧，再租两把躺椅。

Zhao Nana：All right. Plus two reclining chairs.

Xiǎo　hǔ　Nǐ yào bú yào jiù shēng quān
小 虎：你要不要救生圈？

运动口语

Xiaohu：Do you want a life ring?

Liú　Tāo　Yào tā gànshén me　　Nǐ mā yòu bú shì bú huì yóu
刘　涛：要它干什么？你妈又不是不会游？

Liu Tao：What do you want that for? Your mother isn't
　　　　unable to swim.

Xiǎo　hǔ　Hāi wánr　bei
小　虎：咳，玩儿呗。

Xiaohu：Well，it's just for fun.

(They find a place，prop up the beach umbrella，and
unfold the reclining chairs．)

Xiǎo　hǔ　Xiān fàng zhèr　　　Zǒu　xià hǎi ba
小　虎：先放这儿。走，下海吧！

Xiaohu：Put them here first. Come on，let's go to the sea.

Liú　Tāo　Dài shàng yǒng jìng hé jiǎo pǔ
刘　涛：带上泳镜和脚蹼。

Liu Tao：Put on goggles and flippers.

Zhào Nà nà　Zhè gè shí hou de hǎi shuǐ bù liáng　bǐ yóu yǒng chí de shuǐ nuǎn
赵娜娜：这个时候的海水不凉，比游泳池的水暖
　　　　huo duō le
　　　　和多了。

Zhao Nana：The seawater at this time of the year is not
　　　　　　cold. It's much warmer than it in the
　　　　　　swimming pool.

Xiǎo　hǔ　Wǒ men yì　qǐ yóu dào nà gè fú biāo nàr　　rán hòu zài yóu huí
小　虎：我们一起游到那个浮标那儿，然后再游回
　　　　lái
　　　　来。

Xiaohu：We'll swim to that buoy together and then
　　　　　swim back.

Zhào Nà nà　Wǒ pà yóu bú dòng
赵娜娜：我怕游不动。

182

游泳 Swimming

Zhao Nana：I'm afraid I can't swim that far.

Xiǎo hǔ Bú pà yǒu jiù shēng quān ne Bù xíng huí lái de shí hou
小 虎：不怕，有救生圈呢。不行，回来的时候
dài shàng tā
带上它。

Xiaohu：Don't be scared. We've got a life ring. If you can't, you can put that on when we swim back.

Liú Tāo Qí shí hǎi shuǐ de fú lì bǐ yóu yǒng chí de shuǐ dà suǒ yǐ
刘 涛：其实，海水的浮力比游泳池的水大，所以
nǐ yóu qǐ lái hěn shěng lì
你游起来很省力。

Liu Tao：Actually, the buoyant force of the seawater is bigger than it in the swimming pool，so it saves you a lot of energy when you swim.

Zhào Nà Nà Wǒ xiǎng xué yǎng yǒng zhè yàng lèi de shí hou jiù néng tǎng zhe
赵 娜娜：我想学仰泳，这样累的时候就能躺着
yóu huí lái le
游回来了。

Zhao Nana：I want to learn backstroke. In that way I can lie on the sea and backstroke back when I'm tired.

Liú Tāo Yào bú yào jīn tiān jiù xué ya Wǒ jiāo nǐ
刘 涛：要不要今天就学呀？我教你。

Liu Tao：Don't you want to learn it today? I'll teach you.

Xiǎo hǔ Mā ma wǒ bǎo hù nǐ
小 虎：妈妈，我保护你。

Xiaohu：Mum, I'll look after you.

Zhào Nà nà Suàn le hái shì lǎo shi de yóu wǒ de wā yǒng ba
赵 娜娜：算了，还是老实地游我的蛙泳吧。

Zhao Nana：Forget it. I'd better do my breaststroke steadily.

运动口语

Xiǎo hǔ Yào shì néng qián shuǐ jiù hǎo le xià miàn yí dìng yǒu bù shǎo gè
小 虎：要是能潜水就好了，下面一定有不少各
zhǒng gè yàng de yú
种各样的鱼。

Xiaohu：It would be great if we could go diving. There must be many different kinds of fish underwater.

Zhào Nà Nà Bié zuò mèng le zhè lǐ kě bú shì sān yà méi yǒu nà me duō
赵娜娜：别做 梦了，这里可不是三亚，没有那么多
piào liang de shān hú hé hǎi yáng shēng wù
漂亮的珊瑚和海洋 生物。

Zhao Nana：Don't daydream. This is not Sanya. There aren't so many pretty corals and sea creatures.

Liú Tāo Zǒu yóu qǐ lái le
刘 涛：走，游起来了。

Liu Tao：Come on，let's swim.

词 汇
Vocabulary

对话 1

真巧	zhēn qiǎo /what a coincidence
没想到	méi xiǎng dào /not expected
碰到	pèngdào /run into
家伙	jiāhuo /fellow，guy
带	dài /take
孩子	háizi /child
学	xué /learn，study
游泳	yóuyǒng /swim

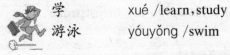

游泳 Swimming

男孩儿	nánháir /boy
一转眼	yìzhuǎnyǎn /in a instant
锻炼身体	duànliàn shēntǐ /take exercise
姿势	zīshi /posture，style
蛙泳	wāyǒng /breaststroke
仰泳	yǎngyǒng /backstroke
自由泳	zìyóuyǒng /freestyle
换气	huàn qì /breathe
掌握	zhǎngwò /master
呛着	qiāngzhe /be choked
节奏	jiézòu /timing，rhythm
抬头	táitóu /raise one's head
吸气	xīqì /breathe
水下	shuǐxià /underwater
吐气	tǔqì /aspirate，breathe out
用	yòng /use
脚	jiǎo /foot
打水	dǎ shuǐ /paddle
习惯	xíguàn /be used to
轻松	qīngsōng /easy
跳水	tiàoshuǐ /dive

对话 2

海滩	hǎi tān /beach
晒	shài /bask；sunny
租	zū /rent
遮阳伞	zhēyángsǎn /beach umbrella

躺椅	tǎngyǐ /reclining chair
救生圈	jiùshēngquān /life ring
放	fàng /put
下海	xià hǎi /go to sea
泳镜	yǒngjìng /goggle
脚蹼	jiǎopǔ /flipper
海水	hǎishuǐ /seawater
凉	liáng /cool，cold
游泳池	yóuyǒngchí /swimming pool
暖和	nuǎnhuo /warm
浮标	fúbiāo /buoy
浮力	fúlì /buoyant force
省力	shěnglì /save energy
保护	bǎohù /protect，safeguard
老实地	lǎoshi de /steadily
潜水	qiǎn shuǐ /diving
各种各样的鱼	gè zhǒng gè yàng de yú /various kinds of fish
做梦	zuòmèng /dream；daydream
珊瑚	shānhú /coral
海洋生物	hǎiyáng shēngwù /sea creature

相关用语
Relevant Expressions

yǒng kù
● 泳裤
swimming trunks

yǒng yī
● 泳衣
swimsuit，swimming suit

yǒng mào
● 泳帽
swimming cap

bǐ jī ní yǒng yī
● 比基尼泳衣
bikini

qiǎn shuǐ chí
● 浅水池
non-swimmer's pool

shēn shuǐ chí
● 深水池
swimmer's pool

yǒng dào
● 泳道
swimming lane

cǎi shuǐ
● 踩水
treading water

qián shuǐ
● 潜水
diving

Yóu dé zhēn tòng kuài
● 游得真痛快。
What a good swimming.

運动口语

Wǒ kě shì hàn yā zi
◉ 我可是旱鸭子。
I'm a non-swimmer.

Wǒ pà yān sǐ
◉ 我怕淹死。
I'm afraid of being drowned.

Nà lǐ yǒu jiù shēng yuán
◉ 那里有救生员。
There are lifeguards there.

yóu yí gè lái huí
◉ 游一个来回
swim a lap

语言文化小贴士
Language Tips

1. 下海

主要有两个意思，一个是到海里去，另一个是泛指某人放弃原来的工作而去经营商业。

The word "xià hǎi" has two meanings. One is "go to sea", the other refers to one who gives up a stable job to run a business.

2. 旱鸭子

指不会游泳的人。

The word "hàn yāzi" is a metaphor for one who can't swim or is a non-swimmer.

3. 没准儿

　　指不确定、不一定、也许。

　　The word "méi zhǔnr" means "maybe, perhaps, probably".

例:你先去吧。没准儿他不想去了。

　　You go first. Perhaps he won't want to go.

　　　练　　习
　　　Exercises

1. 根据课文回答下列问题。Answer the questions according-ing to the text.

1) 王小东在什么地方遇见了谁?

2) 赵娜娜会游泳吗?

3) 她会游哪种姿势?

4) 赵娜娜想学什么姿势? 为什么?

2. 根据提示,用所给词汇做一个小会话。Make a dialogue with the words given below according to the hints.

1) 如果你去海边游泳都会带些什么东西?(泳衣、泳镜、脚蹼)

2) 你会游泳吗?(深水区,浅水区,救生圈,躺椅,太阳伞,学游泳、潜水)

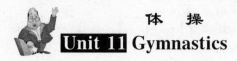

体　操
Unit 11 Gymnastics

必备用语
Key Expressions

Nǐ xǐ huan kàn tǐ cāo ma
◉ 你喜欢看体操吗？
Do you like to watch gymnastics?

Wǒ yě yǒu tóng gǎn
◉ 我也有同感。
I have the same feeling.

Wǒ xǐ huan nǚ zǐ de píng héng mù hé gāo dī gàng
◉ 我喜欢女子的平衡木和高低杠。
I like the women's balance beam, and uneven bars.

Bú guò zuì xǐ huan kàn de hái shi zì yóu tǐ cāo
◉ 不过最喜欢看的还是自由体操。
But my favorite is the free exercise.

Tā men dōu gòu kuàir de
◉ 他们都够块儿的。
They are sturdy and muscular.

Wǒ yào shàng qù zhǔn méi xì
◉ 我要上去准没戏。
It's absolutely impossible for me if I do those things.

Tài xiǎo qiáo rén le
● 太小瞧人了。
Don't look down on me.

Kàn bù chū lái ya
● 看不出来呀!
It doesn't look like it.

Nà gēn tou fān de yòu gāo yòu piāo
● 那跟头翻得又高又飘。
The somersault turn was high and graceful.

Nǐ zhè rén zhēn méi jìn
● 你这人真没劲。
You're really boring.

Wǒ zhēn shì fú nǐ le
● 我真是服你了。
I'm really convinced.

情景对话
Situational Dialogues

1. 谈论体操(一)Talking about gymnastics

(Wang Xiaodong and Zhou Liang are talking about gymnastic topics.)

Wáng Xiǎo dōng   Nǐ xǐ huan kàn tǐ cāo ma
王 小 东:你喜欢看体操吗?
Wang Xiaodong:Do you like to watch gymnastics?

Zhōu Liàng Xǐ huan   Tā shì wǒ zuì xǐ huan kàn de tǐ yù xiàng mù zhī
周 亮:喜欢。它是我最喜欢看的体育项目之
    yī
一。

Zhou Liang:Yes, I do. It's one of my favorite sports.

Wáng Xiǎodōng　Nǐ xǐ huan kàn nán zǐ hái shì nǔ zǐ tǐ cāo
王 小 东：你喜欢看男子还是女子体操?

Wang Xiaodong：Do you like to watch men's or women's?

Zhōu　Liàng　Dōu xǐ huan　　Nǔ zǐ tǐ cāo gèng róu měi　ér nán zǐ tǐ cāo
周　亮：都喜欢。女子体操更柔美,而男子体操

　　　　 gèng Jiǎo jiàn
　　　　更矫健。

Zhou Liang：Both. Women's gymnastics are more gen-
　　　　　 tle and beautiful, while men's are more
　　　　　 strong and vigorous.

Wáng Xiǎo dōng　Shì a　wǒ yě yǒu tóng gǎn　　Wǒ xǐ huan nǔ zǐ de píng
王 小 东：是啊,我也有同感。我喜欢女子的平

　　　　 héng mù hé gāo dī gàng　bú guò zuì xǐ huan kàn de hái shi
　　　　衡木和高低杠,不过最喜欢看的还是

　　　　 zì yóu tǐ cāo　chōng mǎn le　yì shù měi
　　　　自由体操,充 满了艺术美。

Wang Xiaodong：You're right. I have the same feel-
　　　　　　 ing. I like the women's balance beam, and
　　　　　　 uneven bars, but my favorite is the free
　　　　　　 exercise, which is full of artistic beauty.

Zhōu　Liàng　Zì yóu tǐ cāo biǎo xiàn le　yí gè rén de zōng hé sù zhì　tiào
周　亮：自由体操表现了一个人的综合素质,跳

　　　　 yuè　fān zhuǎn　wǔ dǎo　jié zòu　jì qiǎo　suǒ yǐ hǎo kàn
　　　　跃、翻转、舞蹈、节奏、技巧,所以好看。

Zhou Liang：Free exercise represents one's integrated
　　　　　 quality：jumping, somersaulting, danc-
　　　　　 ing, rhythm, techniques, so it's very at-
　　　　　 tractive.

Wáng Xiǎo dōng　Nán zǐ de jǐ gè xiàng mù　xiàng diào huán　tiào mǎ　shuāng
王 小 东：男子的几个项目,像吊环、跳马、双

　　　　 gàng　dān gàng　ān mǎ wǒ dōu ài kàn　Tè bié shì diào
　　　　杠、单杠、鞍马我都爱看。特别是吊

运动口语

huán hé dān gàng　tài piāo liang le
环和单杠，太漂亮了。

Wang Xiaodong：Several men's items like the rings, vaulting horse, parallel bars, horizontal bar and pommel horse are all my favorites, especially the rings and horizontal bar.

Zhōu　Liàng　Tā men shì zěn me liàn de　yóu qí shì nà gè shí zì zhī
周　亮：他们是怎么练的，尤其是那个十字支
chēng　tài nán le
撑，太难了。

Zhou Liang：How do they practice, especially that cross support, it's too difficult.

Wáng Xiǎo dōng　Rén jiā cóng xiǎo jiù liàn le，méi kàn jiàn nán duì yuán de　jī
王　小东：人家从小就练了，没看见男队员的肌
ròu duō fā dá
肉多发达。

Wang Xiaodong：They started practicing them since they were little boys. Did you see those male athletes' muscles, they are so well developed.

Zhōu　Liàng　Méi cuò　dōu gòu kuàir　de　Wǒ yào shàng qù zhǔn méi xì
周　亮：没错，都够块儿的。我要上去准没戏。

Zhou Liang：You can say that again. They are sturdy and muscular. It's absolutely impossible for me if I do those things.

Wáng Xiǎo dōng　Gū　jì lián zhuā gàng dōu zhuā bú zhù ne
王　小东：估计连抓杠都抓不住呢。

Wang Xiaodong：Perhaps you can't even grasp the bar.

Zhōu　Liàng　Tài xiǎo qiáo rén le　zhuā gàng méi wèn tí　bú guò hěn kuài jiù
周　亮：太小瞧人了，抓杠没问题，不过很快就

huì diào xià lái
会掉下来。

Zhou Liang：Don't look down on me. I have no problem to grasp the bar, but I may fall down in an instant.

Wáng Xiǎo dōng Nǐ men tǐ yù kè wánr   guo tiào mǎ ma
王 小 东：你们体育课玩儿过跳马吗？

Wang Xiaodong：Did you do the vaulting horse in your PE class?

Zhōu   Liàng Tiào mǎ hé shuāng gàng dōu wánr   guo   bú guò zhǐ xué le yì
周　亮：跳马和 双 杠都玩儿过，不过只学了一
xiē zuì jī běn de dòng zuò
些最基本的动作。

Zhou Liang：We did the vaulting horse and parallel bars before，but we only learned some basics.

Wáng Xiǎo dōng Wǒ men yě shì   Wǒ xiàn zài hái wánr   shuāng gàng ne
王 小 东：我们也是。我现在还玩儿 双 杠呢。

Wang Xiaodong：We did those，too. Now I still do the parallel bars.

Zhōu   Liàng Zhēn de   kàn bù chū lái ya   Bú huì shì chuī niú ba
周　亮：真的，看不出来呀！不会是吹牛吧？

Zhou Liang：Really？ It doesn't look like it. Are you boasting？

Wáng Xiǎodōng Bú xìn   nǎ tiān gěi nǐ xiù yí xià   zhènzhèn nǐ
王 小 东：不信，哪天给你秀一下，震震你。

Wang Xiaodong：If you don't believe me，I can show you some day to shock you.

Zhōu   Liàng Hǎo zán men yì yán wèi dìng
周　亮：好，咱们一言为定。

Zhou Liang：OK. Let's keep our word.

运动口语

2. 谈论体操(二)Talking about gymnastics

(One day at lunchtime, the two are having lunch in the canteen. They eat and chat.)

Zhōu Liàng Zuótiān de tǐ cāo bǐ sài kàn le ma
周　亮：昨天的体操比赛看了吗?

Zhou Liang：Did you watch the gymnastics competition yesterday?

Wáng Xiǎodōng Nà hái néng bú kàn tuán tǐ sài hái zhēn ràng rén jǐn zhāng ne
王 小东：那还能不看,团体赛还真让人紧张呢。

Wang Xiaodong：How could I miss it. The team competition is really tense.

Zhōu Liàng Zánmen kàn de dōu jǐn zhāng gèng bié tí xuǎn shǒu le
周　亮：咱们看的都紧张,更别提选手了。

Zhou Liang：We the watchers feel nervous, let alone the players.

Wáng Xiǎo dōng Shì a suǒ yǐ zǒng yǒu xuǎn shǒu shī wù de
王 小东：是啊,所以总有选手失误的。

Wang Xiaodong：Yes. That's why there are always some players that make mistakes.

Zhōu Liàng Bú guò nǐ kàn rén jiā zì yóu tǐ cāo de biǎo yǎn duō bàng nà
周　亮：不过你看人家自由体操的表演多棒,那

gēn tóu fān de yòu gāo yòu piāo
跟头翻得又高又飘。

Zhou Liang：Just look at their free exercise, it was performed so well. The somersault was high and graceful.

Wáng Xiǎo dōng Nǐ huì fān gēn tou ma
王 小东：你会翻跟头吗?

Wang Xiaodong：Can you turn a somersault?

Zhōu Liàng Wǒ huì cè shǒu fān hé diàn zi shang qián gǔn fān dàn kōng fān
周　亮：我会侧手翻和垫子上前滚翻,但空翻

bú huì
不会。

Zhou Liang：I can turn a cartwheel and forward roll on
cushions. I can't flip though.

Wáng Xiǎo dōng Wǒ huì dào lì zài shuāng gàng shang yě néng dǎo lì
王 小 东：我会倒立，在 双 杠 上 也能倒立。

Wang Xiaodong：I can handstand and handstand on
parallel bars.

Zhōu Liàng Duì le wǒ zěn me bǎ zhè chár wàng le nǐ hái méi gěi
周   亮：对了，我怎么把这茬儿忘了，你还没给

wǒ biǎo yǎn shuāng gàng ne
我表演 双 杠呢。

Zhou Liang：Right. How come I forgot this? You
haven't showed me your parallel bars skills.

Wáng Xiǎo dōng Zhè shìr huí tóu zài shuō
王 小 东：这事儿回头再说。

Wang Xiaodong：We'll talk about that later.

Zhōu Liàng Nǐ zhè rén zhēn méi jìn Wǒ gū jì nǐ nà liǎng xià zi wǒ
周   亮：你这人真没劲。我估计你那两下子，我

yě huì
也会。

Zhou Liang：You're really boring. I think I can also do
the same tricks as you can.

Wáng Xiǎo dōng Hēi gēn wǒ jiào bǎn Zǒu wǒ zhī dào yí gè dì fang yǒu
王 小 东：嘿，跟我叫板。走，我知道一个地方有

shuāng gàng zán men xiàn zài jiù qù
双 杠，咱们现在就去。

Wang Xiaodong：Well，you challenge me. Come on. I
know a place where there is a set of parallel
bars. Let's go now.

Zhōu Liàng Āi zán men kě gāng chī bǎo fàn Nǐ jiù bú pà bǎ chī de
周   亮：哎，咱们可刚吃饱饭。你就不怕把吃的

运动口语

dōng xi tù chū lái
东西吐出来?

Zhou Liang：Hey，we've just had lunch. Aren't you a-
fraid to vomit out all you have eaten?

Wáng Xiǎo dōng Bú pà zǒu
王 小 东：不怕，走。

Wang Xiaodong：I'm not. Let's go.

Zhōu Liàng Āi yā wǒ zhēn shì fú nǐ le Chéng wǒ péi nǐ qù xíng
周 亮：哎呀，我真是服你了。 成，我陪你去，行
le ba
了吧。

Zhou Liang：Alas，I'm really convinced. Oh，well，I'll
go with you. That's it.

词 汇
Vocabulary

对话 1

体操	tǐcāo/gymnastics
柔美	róuměi/gentle and beautiful
女子	nǚzǐ/woman
平衡木	pínghéngmù/balance beam
高低杠	gāodīgāng/uneven bars
自由体操	zìyóutǐcāo/free exercise
艺术美	yìshùměi/artistic beauty
表现	biǎoxiàn/represent，display
跳跃	tiàoyuè/jump
翻转	fānzhuǎn/somersault；turn
舞蹈	wǔdǎo/dance；dancing
技巧	jìqiǎo/technique，skill

吊环	diàohuán/ring
跳马	tiàomǎ/vaulting horse
双杠	shuānggàng/parallel bars
单杠	dāngàng/horizontal bar
鞍马	ānmǎ/pommel horse
尤其	yóuqí/especially
十字支撑	shízìzhīchēng/cross support
肌肉	jīròu/muscle
发达	fādá/developed
块儿	kuàir /size；sturdy and muscular
没戏	méixì/have no hope；hopeless；impossible
估计	gūji/estimate
小瞧人	xiǎo qiáo rén/look down upon sb.；belittle
掉下来	diàoxiàlái/fall down
吹牛	chuīniú/boast
信	xìn/believe
一言为定	yìyánwéidìng/that's settled；keep one's word

对话 2

食堂	shítáng/canteen
午饭	wǔfàn/lunch
聊天	liáotiān/chat
紧张	jǐnzhāng/nervous，tense
翻	fān/turn
飘	piāo /brisk，graceful
翻跟头	fān gēntou/turn a somersault
侧手翻	cèshǒufān /cartwheel

垫子　　diànzi/cushion
前滚翻　qiángǔnfān/forward roll
空翻　　kōngfān/flip
倒立　　dàolì/handstand
叫板　　jiàobǎn/challenge
吐出来　tù chūlái/vomit，spit out
服　　　fú/convince
陪　　　péi/accompany

相关用语
Relevant Expressions

jì qiǎo yùn dòng
● 技巧运动
sports acrobatics

jìng jì tǐ cāo
● 竞技体操
artistic gymnastics

yì shù tǐ cāo
● 艺术体操
rhythmic gymnastics

diàn shang yùn dòng
● 垫上运动
mat exercises

qū tǐ tiào
● 屈体跳
piked jump

◉ shān yáng
山羊
buck; goat

◉ gāo gàng
高杠
high bar

◉ jiān dào lì
肩倒立
shoulder stand

◉ cè kōng fān
侧空翻
side airspring

◉ guī dìng dòng zuò
规定动作
required routine

◉ héng gàng
横杠
bar

◉ bèng chuáng
蹦床
bounding table, gymnastics trampoline

语言文化小贴士
Language Tips

1. 震

指引起轰动；震动。

The word "zhèn" means "cause a sensation, create

a stir, shock".

例：刘翔以12秒88打破110米栏世界纪录的消息把这个世界给震了。

The news that Liu Xiang broke the world record in the 110-meter hurdles in 12'88 caused a sensation.

2. 没劲

有两个意思，一个是指没意思，另一个是指没出息。在本单元对话中的意思是"没意思"

The word "méijìn" has two meanings：one is "un-interesting, boring", the other is"（someone）good-for-nothing, not very promising". In the dialogue of the u-nit it means "boring or uninteresting".

3. 叫板

原为戏曲开唱前的咏叹，现用于表示向某人挑战或滋事。

> 跟我叫板。走，我知道一个地方有双杠，咱们现在就去。

> 哎呀，我真是服你了。成，我陪你去，行了吧。

The word "jiàobǎn" originally was a chant before starting to sing a drama，now it is used to challenge sb.，ask for trouble or pick a quarrel.

4. 一言为定

　　指就这么决定了，常用于表示某人的一种承诺。类似的说法有：君子一言，驷马难追；一言九鼎。

It means "that's settled"，it is usually used as a promise. Similar expressions include "What has been said can not be withdrawn"，"keep one's promise".

练　习
Exercises

1. 根据课文完成句子或对话。Complete sentences or dialogues below according to the text.

1) A：你喜欢看体操吗？

　　B：喜欢。它是我_____。

2) A：你喜欢看男子还是女子体操？

　　B：_____，女子体操更_____，而男子体操更

　　_____。

3) A：你们体育课玩儿过跳马吗？

　　B：跳马和双杠_____玩儿过。不过只学了一些

　　_____。

4) A：昨天的体操比赛看了吗？

　　B：_____，团体赛还真让人_____呢。

5) A：你会_____吗？

B：我会侧手翻和垫子上前滚翻，空翻不会。

2. 根据课文选择适当的词语完成句子。Choose the right words to complete sentences below according to the text.

没劲　人家　服　失误　没戏

1）_____从小就练了，没看见男队员的肌肉多发达。

2）没错，都够块儿的。我要上去准_____。

3）是啊，所以总有选手_____的。

4）你这人真_____。我估计你那两下子，我也会。

5）哎呀，我真是_____你了。

举 重
Unit 12 Weightlifting

必备用语
Key Expressions

Jīn tiān yǒu shén me bǐ sài ya
◉ 今天有什么比赛呀？
What competition is there today?

Jǔ zhòng shì wǒ men de qiáng xiàng
◉ 举重是我们的强项。
We're strong in weightlifting.

Wǒ duì jǔ zhòng bú tài liǎo jiě
◉ 我对举重不太了解。
I don't know much about weightlifting.

Wǒ bú tài míng bai zhuā jǔ hé tǐng jǔ shì zěn me huí shì
◉ 我不太明白抓举和挺举是怎么回事。
I don't quite understand what are the snatch and the clean and jerk.

Nǐ zài gěi wǒ xiáng xì jiè shào jiè shào
◉ 你再给我详细介绍介绍。
Please tell me more in detail.

Wǒ yě bú shì hěn qīng chu
◉ 我也不是很清楚。
I don't understand it clearly myself.

运动口语

Nǐ yǐ jīng hěn míng bai le
◉ 你已经很明白了。
You have got it already.

Tā bú kuì shì dà lì shì
◉ 他不愧是大力士。
He is worthy of the title of Hercules.

情景对话
Situational Dialogues

1. 谈论举重(一)Talking about weightlifting

(Zhao Nana and her husband Liu Tao are chatting.)

Zhào Nà nà   Jīn tiān wǎn shàng diàn shì lǐ yǒu shén me bǐ sài ya
赵娜娜:今天晚上电视里有什么比赛呀？

Zhao Nana：What competition is there on TV tonight?

Liú   Tāo   Jǔ zhòng bǐ sài
刘 涛:举重比赛。

Liu Tao：The weightlifting competition.

Zhào Nà nà   Yǒu zán men guó jiā de yùn dòng yuán ma
赵娜娜:有咱们国家的运动员吗？

Zhao Nana：Are there any of our athletes?

Liú   Tāo Dāng rán yǒu le   Jǔ zhòng shì zán men guó jiā de qiáng xiàng
刘 涛:当然有了。举重是咱们国家的强项。

Liu Tao：Of course. Our country is strong in weightlifting.

Zhào Nà nà   Wǒ jì de Zhàn Xù gāng duó dé le yì méi jīn pái
赵娜娜:我记得占旭刚夺得了一枚金牌。

Zhao Nana：I remember Zhan Xugang got a gold medal.

Liú   Tāo   Nà shì zài Xī ní Ào yùn huì shang   shàng cì Yǎ diǎn Ào yùn huì
刘 涛:那是在悉尼奥运会上，上次雅典奥运会

shang zài zhuā jǔ bǐ sài zhōng sān cì shì jǔ yì bǎi wǔ shí qī diǎn wǔ
上 在 抓 举 比 赛 中 三 次 试 举   157.5

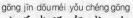

gōng jīn dōu méi yǒu chéng gōng
公斤都没有成功。

Liu Tao：That was at the Sydney Olympic Games. He failed three times in the trial lift of snatch for 157.5 kilos at the Athens Olympic Games last time.

Zhào Nà nà　Zhēn yí hàn　Shàng cì wǒ men yí gòng ná le jǐ kuài jiǎng pái ya
赵娜娜：真遗憾。上次我们一共拿了几块奖牌呀？

Zhao Nana：What a pity. How many medals did we get all together last time?

Liú　Tāo　Jiǔ kuài
刘　涛：9 块。

Liu Tao：Nine.

Zhào Nà nà　Wǒ duì jǔ zhòng bú tài liǎo jiě　hǎo xiàng fēn jí bié bǐ　shì ma
赵娜娜：我对举重不太了解，好像分级别比，是吗？

Zhao Nana：I don't know much about weightlifting. It seems it is competed in different levels. Is that right?

Liú　Tāo　Duì　yì bān àn zhào tǐ zhòng lái fēn　Nán zǐ yǒu bā gè jí
刘　涛：对，一般按照体重来分。男子有八个级
bié　wǔshíliùgōng jīn　liùshísāngōng jīn　liùshíjiǔgōng jīn　qīshíqī
别，56 公斤、63 公斤、69 公斤、77
gōng jīn　bāshíwǔ gōng jīn　jiǔshísì gōng jīn　yìbǎilíngwǔ gōng jīn
公斤、85 公斤、94 公斤、105 公斤
hé yìbǎilíngwǔ gōng jīn yǐ shàng　Nǚ zǐ yǒu qī gè jí bié
和 105 公斤以上。女子有七个级别，
fēn bié shì sìshíbāgōng jīn jí　wǔshísāngōng jīn jí　wǔshíbāgōng
分别是 48 公斤级、53 公斤级、58 公
jīn jí　liùshísāngōng jīn jí　liùshíjiǔgōng jīn jí　qīshíwǔgōng
斤级、63 公斤级、69 公斤级、75 公
jīn jí　hé qīshíwǔgōng jīn yǐ shàng jí
斤级和 75 公斤以上级。

Liu Tao：Yes. It is usually divided by weight. Men's weightlifting has eight levels：56kg.，63kg.，

运动口语

69kg., 77kg., 85kg., 94kg., 105kg., and 105 + kg. Women's weightlifting has seven levels, which are 48kg., 53kg., 58kg., 63kg., 69kg., 75kg., and 75 + kg.

Zhào Nà nà   Wǒ bú tài míng bai zhuā jǔ hé tǐng jǔ shì zěn me huí shì

赵娜娜：我不太明白抓举和挺举是怎么回事。

Zhao Nana：I don't quite understand what are the snatch and the clean and jerk.

Liú   Tāo   Tā men shì bǐ sài de liǎng gè zǔ chéng bù fen   Liǎng gè chéng

刘　涛：它们是比赛的两个组成部分。两个成

jì de zǒng hé shì yùn dòng yuán de zuì hòu chéng jì

绩的总和是运动员的最后成绩。

Liu Tao：They are two different parts of the competi-
tion. The total of the two results is the final
score of an athlete.

Zhào Nà nà   Ō   nà wǒ men wǎn shàng kàn kan   nǐ zài gěi wǒ xiáng xì jiè

赵娜娜：哦，那我们晚上看看，你再给我详细介

shào jiè shào

绍介绍。

Zhao Nana：Oh, let's watch it tonight then，and you
can tell me more in detail.

Liú   Tāo Méi wèn tí

刘　涛：没问题。

Liu Tao：No problem.

2. 观看比赛 Watching competitions

（Zhao Nana and Liu Tao are watching TV.）

Zhào Nà nà   Jīn tiān de xuǎn shǒu hái bù shǎo   Kàn zhè gè dà lì shì   duō

赵娜娜：今天的选手还不少。看这个大力士，多

zhuàng a

壮啊。

Zhao Nana：There are so many athletes today. Look at

this Hercules. How strong he is!

Liú　Tāo　Kěn dìng shì zhòng liàng jí de xuǎn shǒu
刘　涛：肯定是重量级的选手。

Liu Tao：He's surely a heavyweight player.

Zhào Nà nà　　Tā men wèi shén me yào jì yāo dài
赵娜娜：他们为什么要系腰带？

Zhao Nana：Why do they wear a belt?

Liú　Tāo　Wǒ xiǎng kě néng shì wèi le gèng hǎo de yòng lì ba　　Wǒ yě
刘　涛：我想可能是为了更好地用力吧。我也
bú shì hěn qīng chu　Qiáo zhè shì dì yī cì shì jǔ
不是很清楚。瞧，这是第一次试举。

Liu Tao：I think perhaps it's for getting pumped up. I
don't understand it clearly myself. Look，this
is the first trial lift.

Zhào Nà nà　Hǎo　chéng gōng le
赵娜娜：好，成功了。

Zhao Nana：Great. It's successful.

Liú　Tāo　Zhè jiù shì zhuā jǔ　yí cì jiāng gàng líng jǔ guò tóu dǐng
刘　涛：这就是抓举，一次将杠铃举过头顶。

Liu Tao：That's snatch. An athlete must raise the bar-
bell over their head in one lift.

Zhào Nà nà　Yào shì shī bài le ne
赵娜娜：要是失败了呢？

Zhao Nana：If one fails?

Liú　Tāo　Měi gè yùn dòng yuán yǒu sān cì jī huì　Dì sān cì shī bài
刘　涛：每个运动员有三次机会。第三次失败
le　jiù bèi táo tài le
了，就被淘汰了。

Liu Tao：Every athlete has three chances. If one fails
for the third time，then he or she will be e-
liminated.

Zhào Nà nà　Wǒ tīng shuō bǐ sài qián hái yào kòng zhì tǐ zhòng
赵娜娜：我听说比赛前还要控制体重。

运动
口语

Zhao Nana：I heard before the competition that they will also control their weight.

Liú Tāo Shì a rú guǒ chāo chū le tā men suǒ cān jiā de nà gè jí bié
刘　涛：是啊,如果超出了他们所参加的那个级别
　　　de zhòng liàng biāo zhǔn jiù bù xíng le
　　　的重量标准,就不行了。

Liu Tao：Right. If their weight goes over the standard of the level they participate in，then they can't participate.

Zhào Nà nà Ō shì zhè yàng a Dì yī cì chéng gōng hòu jiù kě yǐ
赵娜娜：哦,是这样啊。第一次成功后,就可以
　　　zài zēng jiā gàng líng de zhòng liàng duì ma
　　　再增加杠铃的重量,对吗?

Zhao Nana：Oh，I see. After the success in their first try，they can add to the weight of the barbell，right?

Liú　Tāo Duì měi cì xīn jiā zhòng liàng hòu dōu yǒu sān cì jī huì
刘　涛：对,每次新加重量后都有三次机会。

Liu Tao：That's right. There are three chances every time after adding weight.

Zhào Nà nà Wǒ míng bai le zhè jiù yào kàn shéi zuì hòu jǔ de zhòng liàng
赵娜娜：我明白了,这就要看谁最后举的重量
　　　zuì zhòng shéi jiù shì guàn jūn
　　　最重,谁就是冠军。

Zhao Nana：I understand now. That depends on the weight of the last try. The one who raises the heaviest weight on the last try will be the champion.

Liú　Tāo Bú cuò nǐ yǐ jīng hěn míng bai le
刘　涛：不错,你已经很明白了。

Liu Tao：Absolutely. You have got it already.

Zhào Nà nà　Zhè jiù shì tǐng jǔ ba

赵娜娜：这就是挺举吧？

Zhao Nana：Is this the clean and jerk?

Liú　Tāo　Tǐng jǔ fēn chéng xià dūn jǔ hé zhàn qǐ liǎng gè guò chéng

刘　涛：挺举分成下蹲举和站起两个过程。

Liu Tao：Yes. It is divided into two processes—the squat raise and the stand up.

Zhào Nà nà　Wā　hěn bàng　zhè me zhòng de gàng líng dōu jǔ qǐ lái le

赵娜娜：哇，很棒，这么重的杠铃都举起来了，

bú kuì shì dà lì shì

不愧是大力士。

Zhao Nana：Whoa，excellent. He can lift such a heavy barbell. He is worthy of the title of Hercu-les.

词　汇
Vocabulary

对话 1

举重	jǔzhòng/weightlift
强项	qiángxiàng/better item
抓举	zhuāijǔ/snatch
试举	shìjǔ/trial lift
成功	chénggōng/succeed
遗憾	yíhàn/regret
级别	jíbié/level
按照	ànzhào/according to
体重	tǐzhòng/weight
公斤	gōngjīn/kilogram; kg.
挺举	tǐngjǔ/clean and jerk

运动口语

组成　　zǔchéng/compose, constitute
部分　　bùfen/part, portion
总和　　zǒnghé/sum; total
成绩　　chéngjì/result, achievement
详细　　xiángxì/detailed
介绍　　jièshào/introduce

对话 2

壮　　　zhuàng/strong
重量级　zhòngliàngjí/heavyweight
系　　　jì/fasten, tie, wear
腰带　　yāodài/weightlifting belt; belt
用力　　yònglì/energize; pump up
清楚　　qīngchu/clear
杠铃　　gànglíng/barbell
举过　　jǔguò/raise up, lift over
头顶　　tóudǐng/top of head
失败　　shībài/fail
淘汰　　táotài/wash out, eliminate
控制　　kòngzhì/control
超出　　chāochū/overstep, go beyond
重量　　zhòngliàng/weight
标准　　biāozhǔn/standard
下蹲举　xiàdūnjǔ/squat raise
站起　　zhànqǐ/stand up
过程　　guòchéng/process
不愧　　búkuì/prove to be; be worthy of

相关用语
Relevant Expressions

yǎng wò qǐ zuò
- 仰卧起坐
  abdominal curl

fù bù yùn dòng
- 腹部运动
  abdominal exercise

fù wéi   yāo shēn
- 腹围 / 腰身
  abdominal girth

zhí lì tí zhǒu
- 直立提肘
  abductor lift

zhèng fǎn wò
- 正反握
  alternate grip

bèi hòu zhí bì shàng jǔ
- 背后直臂上举
  arm extension

jiā zhòng
- 加重
  add weight to the bar

jǔ zhòng fú
- 举重服
  weightlifting suit

jǔ zhòng xié
- 举重鞋
  weightlifting shoe

———TALK CHINESE

jǔ zhòng shǒu tào
● 举重手套
weightlifting glove

语言文化小贴士
Language Tips

大力士

　　大力士一词的英文在希腊神话中是一位英雄的名字,他就是宙斯的儿子,名叫海格力斯(Hercules)。他力大无比,于是海格力斯便成为大力士的代名词。

今天的选手还不少。看这个大力士,多壮啊。

肯定是重量级的选手。

The word "dà lì shì" in English means Hercules. It's the name of a hero in the Greek mythology. He was the son of Zeus and was said to be the strongest man of the world. Therefore his name was used to refer to the strong men.

214

举重 Weightlifting

举重小知识

　　举重是一项很古老的运动。古希腊人曾用举石头来锻炼和测验人的体力,罗马人则在棍的两头扎以石块来锻炼体力和训练士兵。中国早在两千多年前的楚汉时代就有举大刀、石担、石锁等举重活动的记载,而公元前4000年的古埃及的绘画也记述了法老们用举沙袋或其它重物来锻炼身体,这些都是通过举重来达到锻炼目的的最早记录。在体育上,运动员用举重这种方法来锻炼肌肉力量,并通过比赛衡量运动员的力量,看谁最强壮。同体育一样,举重在军事上也被用来评估士兵的身体素质。在古代中国,士兵们通常用举"鼎"来证明自己力大无穷,其动作同今天的抓举类似。

Weightlifting is an ancient sport. The ancient Greeks once used to raise stones to do exercises and test one's physical strength. The Romans tied two stones on both ends of a stick to exercise physical strength and train soldiers. In China during the Chu and Han periods over 2,000 years ago weightlifting activities such as lifting a broadsword, a barbell tied with stone weights, stone dumbbells in the form of an old-fashioned padlock were recorded. While in 4,000 B. C the ancient Egyptian paintings also recorded Pharaohs lifting sandbags or other heavy things to do exercises. These are all the earliest accounts of achieving the goals of exercises through weightlifting. In sports, athletes exercise their muscles by using the method of weighting and measuring athletes' strength through competitions to see who is the strongest. Similar to sports, weightlifting in military affairs is used to evaluate soldiers' physical quality. In ancient China, soldiers used to lift "dǐng", an ancient cooking vessel with two loop handles and three legs, to prove their great strength. The action of lifting is similar to snatching at the present.

练　习
Exercises

1. 根据课文选择适当的词语完成句子或对话。Choose the right words to complete sentences or dialogues below according to the text.

　　试举　抓举　奖牌　挺举　强项

1）举重是咱们国家的_____。

2）上次我们一共拿了几块_____呀？

3）上次雅典奥运会上在抓举比赛中三次_____都没有成功。

4）这就是_____，一次将杠铃举过头顶。

5）_____分成下蹲举和站起两个过程。

2. 口语练习。请简单介绍一下举重这个项目。
Oral practice. Please give a brief introduction to weightlifting.

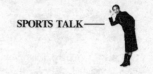

登　山
Unit 13 Mountain Climbing

必备用语
Key Expressions

Jīn tiān tiān qì hái bú cuò　shì hé pá shān
◉ 今天天气还不错,适合爬山。
It's a nice day today. It's good for mountain climbing.

Huó dòng yí xià jiǎo wàn hé tuǐ　miǎn de wǎi jiǎo huò lā shāng tuǐ bù jī ròu
◉ 活动一下脚腕和腿,免得崴脚或拉伤腿部肌肉。
Limber up our ankles and legs in case of sprains or pulling muscles.

Nǐ xiǎn de tǐng nián qīng de　shēn tǐ yě hái jiē shi
◉ 你显得挺年轻的,身体也还结实。
You look very young and your body seems pretty burly.

Wǒ nián qīng de shí hou jiù　xǐ huan pá shān　měi gè xīng qī dōu yào pá
◉ 我年轻的时候就喜欢爬山,每个星期都要爬
yí cì ne
一次呢。
I liked to climb mountains when I was young. I used to climb mountains once a week.

Nǐ zhēn xíng
◉ 你真行。
Good for you.

217

◉ Yōu zhe diǎnr
悠着点儿。
Just take it easy.

◉ Shàng shān róng yì xià shān nán
上山容易下山难。
It's easier to go up a mountain than down.

◉ Nǐ huá guo xuě ma
你滑过雪吗?
Have you ever skied before?

◉ Wǒ huá dān bǎn
我滑单板。
I snowboard.

◉ Wǒ zhēn pèi fú nǐ de dǎn liàng
我真佩服你的胆量。
I really admire your guts.

◉ Qí shí méi shén me
其实没什么。
It really doesn't matter.

情景对话
Situational Dialogues

1. 去郊外爬山 Going mountain-climbing in the suburbs

(Today is Double Ninth Festival, i. e., the 9th day of the 9th lunar month, a day to climb mountains according to the traditional customs, a nationwide health and fitness activity is held in the Fragrant Hills. Wang Xiaodong and his father Wang Zhong are taking part in it.)

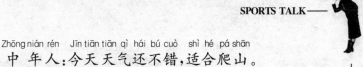

Zhōng nián rén　Jīn tiān tiān qì hái bú cuò　shì hé pá shān
中 年 人：今天天气还不错，适合爬山。

Middle-aged man：It's a nice day today. It's good for mountain climbing.

Wáng　Zhōng　Āi yā　hǎo jiǔ méi pá shān le
王　忠：哎呀，好久没爬山了。

Wang Zhong：Well，I haven't climbed mountains for a long time.

Zhōng nián rén　Hái shì xiān zuò xiē zhǔn bèi huó dòng ba　huó dòng yí xià jiǎo
中 年 人：还是先做些准备活动吧，活动一下脚
wàn hé tuǐ　miǎn de wǎi jiǎo huò lā shāng tuǐ bù jī ròu
腕和腿，免得崴脚或拉伤腿部肌肉。

Middle-aged man：We'd better do some warm-ups first，and limber up our ankles and legs in case of sprains or pulling muscles.

Wáng　Zhōng　Nǐ shuō de duì　wǒ bù bǐ nǐ men nián qīng rén　Shàng le
王　忠：你说的对，我不比你们年轻人。上了
suì shù　tuǐ jiǎo bú lì suo le
岁数，腿脚不利索了。

Wang Zhong：You're right. I can not compare with you young people. I'm getting old，and my legs are not agile.

Zhōng nián rén　Nǐ xiǎn de tǐng nián qīng de　shēn tǐ yě hái jiē shi
中 年 人：你显得挺年轻的，身体也还结实。

Middle-aged man：You look very young and your body seems pretty burly.

Wáng　Zhōng　Zhè huà wǒ ài tīng　Wǒ nián qīng de shí hou jiù　xǐ huan pá
王　忠：这话我爱听。我年轻的时候就喜欢爬
shān　měi gè xīng qī dōu yào pá yí cì ne
山，每个星期都要爬一次呢。

Wang Zhong：I like to hear that. I liked to climb mountains when I was young. I used to

运动口语

climb mountains once a week.

Zhōng nián rén　Nǐ zhēn xíng　Wǒ yě xiǎng duàn liàn　kě shì zǒng shì jiān chí
中年人：你真行。我也想锻炼，可是总是坚持
bú xià lái
不下来。

Middle-aged man：Good for you. I wanted to do exerci-
ses，but I can't stick to it.

Wáng　Zhōng　Jīn tiān de dēng shān huó dòng bú shì bǐ sài　zhǐ shì quán mín
王　忠：今天的登山活动不是比赛，只是全民
jiàn shēn huó dòng xiàng mù zhōng de yí gè　zhǐ yào dēng shàng
健身活动项目中的一个，只要登上
shān dǐng jiù xíng
山顶就行。

Wang Zhong：The mountain climbing activity today is
not a competition. It's only one of the i-
tems in the nationwide health and fitness
activities. It's OK as long as we climb up
to the top of the mountain.

Zhōng nián rén　Zhè yàng hǎo　wǒ men bú yòng tài zháo jí
中年人：这样好，我们不用太着急。

Middle-aged man：That's good. We won't be too wor-
ried about it.

Wáng　Zhōng　À　nián jì dà le　màn zhe diǎnr　Pá shān yě děi yōu
王　忠：啊，年纪大了，慢着点儿。爬山也得悠
zhe diǎnr
着点儿。

Wang Zhong：Yes. When getting old, I'll take my time
doing things. Mountain climbing is no ex-
ception. Just take it easy.

Zhōng nián rén　Qí shí wǒ zuì pà xià shān le
中年人：其实我最怕下山了。

Middle-aged man：Actually, I'm afraid of going down

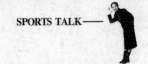

the mountain the most.

Wáng　Zhōng　Xià shān shì zuì yào jìn de　sú huà shuō　shàng shān róng yì
王　　忠：下山是最要劲的，俗话说，上　山容易

xià shān nán
下山难。

Wang Zhong：It's the hardest thing to go down the mountain. As the saying goes, it's easier to go up a mountain than down.

Zhōng nián rén　Rú guǒ lèi　le　zán men　jiù　zuò lǎn chē xià lái
中　年人：如果累了，咱们就坐缆车下来。

Middle-aged man：If we get tired, we can take the cable car down.

2. 谈论滑雪 Talking about skiing

(On top of the mountain，Wang Xiaodong and a young man sit and chat while enjoying the view.)

Nián qīng rén　Nǐ dōng tiān lái zhè lǐ kàn guo xuě jǐng ma
年轻人：你冬天来这里看过雪景吗？

Young man：Have you ever been here to see the snow?

Wáng Xiǎo dōng　Méi yǒu　píng shí shàng bān nǎ yǒu kòng ya　Zhōu mò lái
王　小　东：没有，平时上班哪有空呀。周末来

ne　rén yòu tài duō
呢，人又太多。

Wang Xiaodong：No. I don't have the time during the weekdays. If I come on the weekends, there are too many people (crowded).

Nián qīng rén　Xuě hòu de jǐng sè　yí dìng hěn měi　Nǐ huá guo xuě ma
年轻人：雪后的景色一定很美。你滑过雪吗？

Young man：The scenery after a snowfall must be wonderful. Have you ever skied before?

Wáng Xiǎo dōng　Huá guo yí　cì　Zài Běi jīng jiāo qū de yí gè huá xuě
王　小　东：滑过一次。在北京郊区的一个滑雪

运动口语

chǎng　　nǐ ne
场 。你呢?

Wang Xiaodong：I have skied once, at a skiing ground in the suburb of Beijing. What about you?

Nián qīng rén　Wǒ jīng cháng huá
年轻人：我经常滑。

Young man：I often ski.

Wáng Xiǎo dōng　Nà nǐ yí dìng huá de hěn bàng le
王 小 东：那你一定滑得很棒了。

Wang Xiaodong：You must ski very well then.

Nián qīng rén　Hái kě yǐ　　Wǒ huá dān bǎn
年轻人：还可以。我滑单板。

Young man：Just so so. I snowboard.

Wáng Xiǎo dōng　Wā　zhēn bù jiǎn dān　Wǒ shuāng bǎn hái huá bù hǎo ne
王 小 东：哇,真不简单。我 双 板还滑不好呢。

shàng cì xiān zài chū jí dào shang huá　hòu lái shàng zhōng
上次先在初级道上滑,后来上 中

jí dào shuāi le yí dà jiāo
级道摔了一大跤。

Wang Xiaodong：Oh, that's really good. I can't even use two skies very well. Last time I skied at the beginner's level lane first, later I fell down in the intermediate level lane.

Nián qīng rén　Duō huá jiù huì le　zhǔ yào shì zhǎng wò píng héng
年轻人：多滑就会了,主要是 掌 握平 衡。

Young man：You can ski well if you ski more. The main thing is to control your balance.

Wáng Xiǎo dōng　Wǒ zhè rén dǎn zi xiǎo cóng xià miàn kàn　pō bú gāo　kě
王 小 东：我这人胆子小,从下面看,坡不高,可

shàng qù hòu fā xiàn pō hái shì tǐng dǒu de　Bù huá tài diū
上 去后发现坡还是挺陡的。不滑太丢

rén le　zhǐ hǎo yìng zhe tóu pí wǎng xià huá
人了,只好硬着头皮往下滑。

Wang Xiaodong: I don't have too much guts. Looking
at the slope on the ground, it's not high.
But standing on the slope after going up,
it's pretty steep. It's a shame if I give up,
so I have to force myself to ski down.

Nián qīng rén　Huá xuě shì yí xiàng yǒng gǎn zhě de yùn dòng　Dōng Ào kuài de
年轻人：滑雪是一项 勇 敢者的运动，冬奥会的

tiào tái huá xuě nà cái kě pà ne
跳台滑雪那才可怕呢。

Young man: Skiing is a brave man's sport. The ski
jumping of the Winter Games is just horri-
ble.

Wáng Xiǎo dōng　Huá xuě qí shí hěn wēi xiǎn　huá bù hǎo hěn róng yì shòu shāng
王 小东：滑雪其实很危险，滑不好很容易受 伤。

Wang Xiaodong: Skiing is in fact very dangerous. It's
easy to get wounded if not skiing properly.

Nián qīng rén　Gāng kāi shǐ xué huá xuě de shí hou　wǒ jiù gú zhé guo
年轻人：刚开始学滑雪的时候，我就骨折过。

Young man: When I started to learn skiing, I got a
fracture.

Wáng Xiǎo dōng　Nà nǐ hái huá
王 小东：那你还滑。

Wang Xiaodong: Why did you ski after that?

Nián qīng rén　Hāi　xǐ huan bài　Shuāi guo jǐ cì yǐ hòu jiù xué huì le
年轻人：咳，喜欢呗。摔过几次以后就学会了。

Young man: Well, I just like it. I learned it after sev-
eral falls.

Wáng Xiǎo dōng　Wǒ zhēn pèi fú nǐ de dǎn liàng　Jiù shì jiè wǒ liǎ dǎnr
王 小东：我真佩服你的胆量。就是借我俩胆

wǒ yě bù gǎn cóng gāo jí dào shang xià lái
儿，我也不敢从高级道上下来。

Wang Xiaodong: I really admire your guts. I dare not

运动口语

to ski down from the advanced level lane even if you loaned me some guts.

Nián qīng rén　Qí shí méi shén me　Zán men xià shān ba　Zǒu xiǎo lù xià
年轻人：其实没什么。咱们下山吧。走小路下
qù hái shì zǒu dà lù
去还是走大路?

Young man：It really doesn't matter. All right，let's go down the hill. Shall we go on the path or along the road?

Wáng Xiǎo dōng　Zǒu dà lù ba　hǎo zǒu diǎnr
王 小 东：走大路吧，好走点儿。

Wang Xiaodong：Along the road. It's easy to walk.

Nián qīng rén　Xíng　zán men hái kě yǐ biān zǒu biān liáo
年轻人：行，咱们还可以边走边聊。

Young man：OK. We can chat while walking.

词　汇
Vocabulary

对话 1

爬山	pá shān/climb mountains
准备活动	zhǔnbèi huódòng/warm up
脚腕	jiǎowàn/ankle
腿	tuǐ/leg
免得	miǎnde /in case；lest
崴脚	wǎi jiǎo /sprain one's foot
拉伤	lāshāng/pull
肌肉	jīròu/muscle
年轻人	niánqīngrén/young man/woman
上岁数	shàng suìshù/get old

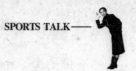

脚	jiǎo/foot
不利索	bú lìsuo/not agile or flexible
显得	xiǎnde/look
身体	shēntǐ/body
结实	jiēshi/burly, healthy
坚持	jiānchí/carry on, stick to, insist on
山顶	shāndǐng/mountaintop, peak
年纪	niánjì/age
悠着点儿	yōuzhe diǎnr/take one's time
下山	xià shān/go down hill
要劲	yàojìn/exert one's effort; hard, difficult
俗话	súhuà/common saying, proverb
坐缆车	zuò lǎnchē/take cable car

对话 2

冬天	dōngtiān /winter
雪景	xuějǐng/snow scene, snowy view
平时	píngshí/ordinary time
上班	shàngbān/go to work, on duty
有空	yǒukòng/have time
周末	zhōumò/weekend
景色	jǐngsè/scene, view
滑雪	huáxuě/ski
郊区	jiāoqū/suburb
滑雪场	huáxuěchǎng/skiing ground
简单	jiǎndān/simple, easy
摔跤	shuāijiāo/fall, stumble

掌握平衡	zhǎngwò pínghéng/control one's balance
胆子	dǎnzǐ/guts, courage
坡	pō/slope
陡	dǒu/steep
丢人	diūrén/lose face; shame; embarrassed
硬着头皮	yìngzhe tóupí/toughen one's scalp; force oneself to do sth. against one's will
可怕	kěpà/terrible
危险	wēixiǎn/dangerous
受伤	shòushāng/be injured, be wounded
骨折	gǔzhé/fracture
佩服	pèifú/admire
胆量	dǎnliàng/guts, courage
胆	dǎn/gall bladder
不敢	bùgǎn/dare not
小路	xiǎo lù/path, byroad, trail
大路	dà lù/broadway

相关用语
Relevant Expressions

huá xuě
● 滑雪
skiing

huá xuě bǎn

● 滑雪板
ski

dān bǎn huá xuě
● 单板滑雪
snowboarding

huā yàng huá bīng
● 花样滑冰
figure skating

sù dù huá bīng
● 速度滑冰
speed skating

tiào tái huá xuě
● 跳台滑雪
ski jumping

gāo shān huá xuě
● 高山滑雪
alpine skiing

yuè yě huá xuě
● 越野滑雪
cross-country skiing

duǎn pǎo dào sù dù huá bīng
● 短跑道速度滑冰
short track speed skating

sù jiàng huá xuě sài   huá jiàng
● 速降滑雪赛 / 滑降
downhill race

zhàng ài huá xuě
● 障碍滑雪
slalom

运动口语

语言文化小贴士
Language Tips

1. 悠着点儿

这是一句常用的口语，用于劝说他人注意身体，不要过于劳累或紧张。

This is a colloquial expression meaning "take it easy". It is often used to persuade one to take care of his or her health and not being too tired or nervous, or rush.

例：你的病刚好，不要干太多活，悠着点儿，别累着。

You have just recovered from illness. Don't do too much work. Take things easy. Don't exert yourself.

2. 硬着头皮

指不得已勉强做某事。

Literally it means to toughen one's scalp. It refers to force oneself to do something against his or her will.

例：中药真苦，可是为了治病，他只好硬着头皮把药喝下去。

Chinese medicine soup is too bitter. But in order to cure his sickness, he has to force himself to drink it.

3. 要劲(儿)

这个词字面的意思是需要力量，其实是表示"费力，不容易，有难度。"

The word "yàojìn (r)" literally means "require strength", actually it refers to "exert much effort; hard, difficult".

228

例1:这个箱子看着不大,可是搬起来还真要劲儿。

This box doesn't look big, but it is difficult to carry it.

例2:这个问题回答起来还挺要劲儿的,我都想了半个小时了,还没想出如何回答才好呢。

It's hard to answer this question. I have thought about it for half an hour, but haven't come up with a good answer.

4. 借俩胆儿

指某人胆小,就是再给他/她两个胆儿也没用。形容某人没有勇气。

The phrase "jiè liǎ dǎn" means one is very timid. He/she is useless even though others lend him or her some bravery. It is used as a metaphor for one who has no courage or guts.

运动口语

练 习
Exercises

1. 根据课文完成句子。Complete sentences below according to the text.

1）今天天气还不错，_____爬山。

2）还是先做些_____吧，活动一下脚腕和腿。

3）上了岁数，腿脚不_____了。

4）哇，_____。我双板还滑不好呢。_____了，还有多久才开始呢?

5）多滑就会了，主要是_____平衡。

2. 连线练习。Matching exercise.

A1 硬着头皮　　B1 take it easy
A2 要劲　　　　B2 courage
A3 利索　　　　B3 difficult; hard
A4 胆量　　　　B4 agile
A5 悠着点儿　　B5 force to do sth.

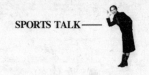

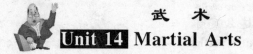

武　术
Unit 14 Martial Arts

必备用语
Key Expressions

◉ 　Wǒ cóng xiǎo jiù　tè bié　xǐ huan wǔ shù
我从小就特别喜欢武术。
I've been fond of martial arts since childhood.

◉ 　Wǒ yě xiǎng xué yi xué　yuányuan wǒ de wǔ shù mèng
我也想学一学，圆圆我的武术梦。
I would like to learn it to have my dream of martial
arts fulfilled.

◉ 　Nà tài hǎo le
那太好了。
That's great.

◉ 　Xìng huì　xìng huì
幸会，幸会。
Nice to meet you.

◉ 　Yì bān bān le　hái bù shì hěn dì dao
一般般了，还不是很地道。
Just so so. It's not very idiomatic.

◉ 　Yǒu zhè gè dǎ suàn
有这个打算。
I have this intention.

运动口语

Tīng nǐ de
● 听你的。
I'll listen to you.

Jiù zhè me dìng le
● 就这么定了。
That's settled.

Zhè shì zuì jī běn de bù fǎ
● 这是最基本的步法。
This is the most basic stance.

Wǒ yí dìng hǎohāor liàn
● 我一定好好儿练。
I'll practice hard.

情景对话
Situational Dialogues

1. 谈论武术 Talking about martial arts

(Wang Xiaodong is at the airport waiting to meet a foreigner named Mike, who was sent to work in China by the American headquarter.)

Wáng Xiǎo dōng Zěn me yàng yí lù shàng hái hǎo ba
王 小 东：怎么样，一路上 还好吧?

Wang Xiaodong：How was your trip? Was it all right?

Mài kè Hái xíng yǒu diǎnr lèi kě néng shì shí chā de yuán yīn
迈 克：还行，有点儿累，可能是时差的原因。

Mike：Not bad. I'm a little bit tired. Perhaps it's because of the jet lag.

Wáng Xiǎo dōng Huí tóu xiān qù zhù de dì fang xiū xi yí xià rán hòu zài
王 小 东：回头 先去住的地方休息一下，然后再
qù gōng sī
去公司。

Wang Xiaodong：Well，you'd better go to the hotel first and have a rest，then go to the company.

Mài kè Méi shì de wǒ néng xíng hē diǎnr kā fēi jiù xíng
迈 克：没事的，我能行，喝点儿咖啡就行。

Mike：That's all right. I'm OK. I think I'll just have some coffee. That's all.

Wáng Xiǎo dōng Nà hǎo
王 小 东：那好。

Wang Xiaodong：Okay，then.

Mài kè Nà xiē rén zài gàn shén me
迈 克：那些人在干什么？

Mike：What are those people doing?

Wáng Xiǎo dōng ó zài dǎ tài jí quán
王 小 东：哦，在打太极拳。

Wang Xiaodong：Oh，they are doing Taijiquan or Shadow boxing.

Mài kè Wǒ tīng shuō guo zhè zhǒng quán yǒu shén me yòng ma
迈 克：我听说过，这种拳有什么用吗？

Mike：I've heard of it. What's the use of this boxing?

Wáng Xiǎo dōng Jiù shì duàn liàn shēn tǐ yì bān dōu shì shàng le nián jì de
王 小 东：就是锻炼身体，一般都是上了年纪的
rén dǎ tài jí quán tài jí jiàn hái yǒu bā guà zhǎng zhè
人打太极拳、太极剑，还有八卦掌这
yàng de yīn wèi dòng zuò huǎn màn Nián qīng rén xǐ huan
样的，因为动作缓慢。年轻人喜欢
jié zòu kuài de
节奏快的。

Wang Xiaodong：For keeping fit. Usually old people do shadow boxing，Taiji swords，and eight-diagram boxing because the movements are slow，while young people like

运动口语

faster rhythmic movements.

Mài   kè　Nián qīng rén yì bān dǎ shén me
迈　克：年轻人一般打什么？

Mike：What are the young people doing?

Wáng Xiǎo dōng　Cháng quán　dāo　qiāng　gùn zhè xiē　　Zěn me　nǐ yě gǎn
王 小 东：长 拳、刀、枪、棍这些。怎么，你也感
　　　　　xìng qù
　　　　　兴趣？

Wang Xiaodong：Long boxing, broadsword, spear,
　　　　　　　cudgel and so on. Why? Are you interested?

Mài   kè　Wǒ cóng xiǎo jiù tè bié xǐ huan wǔ shù　kàn le　bù shǎo gǎng tái
迈　克：我从小就特别喜欢武术，看了不少港台
　　　　hé dà　lù　de gōng fu piàn
　　　　和大陆的功夫片。

Mike：I've been fond of martial arts since childhood. I
　　　saw a lot of kungfu films from Hong Kong and
　　　mainland China.

Wáng Xiǎo dōng　Nà xiē dōu shì diàn yǐng　shēng huó zhōng hěn shǎo jiàn de
王 小 东：那些都是电影，生活中很少见的。

Wang Xiaodong：Those are films, and seldom seen in
　　　　　　　daily life.

Mài   kè　Wǒ zhī dào　dàn wǒ xiǎng rú guǒ yǒu jī huì　wǒ yě xiǎng xué yi
迈　克：我知道，但我想如果有机会，我也想学一
　　　　xué　yuán yuan wǒ de wǔ shù mèng
　　　　学，圆圆我的武术梦。

Mike：I know, but I think if there is a chance, I would
　　　like to learn it to have my dream of martial arts
　　　fulfilled.

Wáng Xiǎo dōng　Xíng a　zhèng hǎo wǒ yǒu gè péng you shì gǎo wǔ shù de
王 小 东：行啊，正好我有个朋友是搞武术的，
　　　　　wǒ ràng tā jiāo nǐ ba
　　　　　我让他教你吧。

Wang Xiaodong: OK. Luckily, I have a friend who does martial arts. I'll ask him to teach you.

Mài kè: Nà tài hǎo le
迈 克：那太好了。

Mike: That's great.

2. 认识武术教练 Meeting a martial art coach

(One day, Wang Xiaodong introduces his friend Zheng Dapeng to Mike.)

Wáng Xiǎo dōng Mài kè   zhè jiù shì wǒ gēn nǐ shuō guo de nà gè péng you
王 小 东：迈克，这就是我跟你说过的那个朋友，

　　　　　　　Zhèng Dà péng   Dà péng   tā jiù shì Mài kè
　　　　　　郑 大 鹏。大 鹏，他就是迈克。

Wang Xiaodong: Mike, this is my friend I mentioned to you, Zheng Dapeng. Dapeng, this is Mike.

Zhèng Dà péng   Nǐ hǎo
郑 大 鹏：你好。

Zheng Dapeng: How do you do?

Mài kè Xìng huì xìng huì
迈 克：幸会，幸会。

Mike: Nice to meet you.

Zhèng Dà péng   Nǐ Zhōng wén shuō de bú cuò ma
郑 大 鹏：你 中 文说得不错嘛。

Zheng Dapeng: Your Chinese is very good. (You speak Chinese very well.)

Mài kè   Yì bān bān le hái bú shì hěn dì dao
迈 克：一般般了，还不是很地道。

Mike: Just so so. It's not very idiomatic.

Zhèng Dà péng   Zài nǎr xué de
郑 大 鹏：在哪儿学的？

Zheng Dapeng: Where did you learn it?

运动口语

Mài kè Zài Měi guó gēn Tái wān lái de péng you xué de
迈 克：在美国跟台湾来的朋友学的。
Mike：I learned it in the United States from friends coming from Taiwan.

Zhèng Dà péng Tīng Xiǎo dōng shuō nǐ xiǎng xué wǔ shù
郑 大 鹏：听小东说,你想学武术。
Zheng Dapeng：I heard from Xiaodong that you wanted to learn martial arts.

Mài kè Shì yǒu zhè gè dǎ suàn
迈 克：是,有这个打算。
Mike：Yes. I have this intention.

Zhèng Dà péng Nǐ xiǎng xué shén me jù tǐ de bǐ rú shuō tú shǒu de hái
郑 大 鹏：你想学什么具体的,比如说徒手的还
shì qì xiè de
是器械的?
Zheng Dapeng：What particularly do you want to learn, for example, bare-handed or armed?

Mài kè Xiān xué tú shǒu de ba jiǎn dān yě shí yòng
迈 克：先学徒手的吧,简单也实用。
Mike：Bare-handed first. It's simple and practical.

Zhèng Dà péng Nà jiù xué cháng quán ba
郑 大 鹏：那就学长拳吧。
Zheng Dapeng：Well, in that case you'd better learn long boxing.

Mài kè Hǎo tīng nǐ de Wǒ zài nǎr xué
迈 克：好,听你的。我在哪儿学?
Mike：Good. I'll listen to you. Where should I learn it?

Zhèng Dà péng Wǒ yǒu yí gè jiàn shēn fáng nǐ kě yǐ qù wǒ nàr
郑 大 鹏：我有一个健身房,你可以去我那儿。
Zheng Dapeng：I have a gymnasium. You can go to my place.

Mài kè Zhēn shì tài hǎo le Wǒ shén me shí jiān qù hé shì
迈 克：真是太好了。我什么时间去合适?

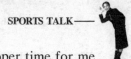

Mike：That's terrific. When is the proper time for me
　　　to go?

Zhèng Dà péng　Zhōu sān huò zhōu wǔ wǎn shàng jiǔ diǎn yǐ hòu　wǒ dū yǒu
郑大鹏：周三或周五晚上 9 点以后，我都有
　　　　　kòng
　　　　　空。

Zheng Dapeng：I'm free on Wednesday and Friday
　　　　　evenings after 9 o'clock.

Mài　　kè　Nà wǒ jiù zhè liǎng tiān qù shàng nǐ de kè
迈　克：那我就这两天去上你的课。

Mike：Well，then. I'll go to have my lessons in those
　　　two days.

Zhèng Dà péng　Xíng　jiù zhè me dìng le　Zhè shì wǒ de míng piàn　dào shí
郑大鹏：行，就这么定了。这是我的名片，到时
　　　　　lái jiù xíng le
　　　　　来就行了。

Zheng Dapeng：OK. That's settled. This is my busi-
　　　　　ness card. Please come by then.

Mài　　kè　Tài gǎn xiè nǐ le
迈　克：太感谢你了。

Mike：Thank you very much.

Wáng Xiǎo dōng　Zěn me　dōu shuō hǎo le
王 小 东：怎么，都说好了？

Wang Xiaodong：How is it? Settled?

Zhèng Dà péng　Shì de　dào shí nǐ péi tā qù huò ràng tā zì jǐ lái wǒ
郑大鹏：是的，到时你陪他去或让他自己来我
　　　　　nàr　jiù xíng le
　　　　　那儿就行了。

Zheng Dapeng：Yes. You can go with him or let him
　　　　　go to my place himself.

Wáng Xiǎo dōng　Hǎo　xiè xiè nǐ
王 小 东：好，谢谢你。

运动口语

Wang Xiaodong：Good. Thanks.

Zhèng Dà péng　Xiè shén me　gēn wǒ hái kè qi
郑 大 鹏：谢什么，跟我还客气。

Zheng Dapeng：You're welcome. Don't stand on ceremony with me.

3. 学武术 Learning martial art

(On Wednesday evening，Mike comes to Zheng Dapeng's gym to learn martial arts.)

Zhèng Dà péng　Wā　Màike　nǐ chuān shàng zhè shēn wǔ shù fú hái zhēn
郑 大 鹏：哇，迈克，你 穿 上 这 身 武 术 服 还 真

xiàng nà me huí shì
像 那 么 回 事。

Zheng Dapeng：Whoa，Mike. You look as if you're a martial artist in this martial arts suits.

Mài　kè　Shì ma　bù nán kàn ba
迈 克：是吗，不难看吧？

Mike：Really，am I ugly looking？

Zhèng Dà péng　Hěn hǎo kàn　hěn shuài
郑 大 鹏：很 好 看，很 帅。

Zheng Dapeng：Very beautiful. You're very handsome.

Mài　kè　Xiè xie
迈 克：谢谢。

Mike：Oh，thank you.

Zhèng Dà péng　Nǐ yǐ qián xué guo wǔ shù ma
郑 大 鹏：你 以 前 学 过 武 术 吗？

Zheng Dapeng：Have you ever learned martial arts before？

Mài　kè　Méi yǒu
迈 克：没 有。

Mike：No.

Zhèng Dà péng　Yě méi liàn guo jī běn gōng ma
郑 大 鹏：也 没 练 过 基 本 功 吗？

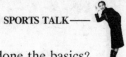

Zheng Dapeng：And haven't you ever done the basics?

Mài kè　Cóng lái méi yǒu
迈克：从来没有。

Mike：No, never.

Zhèng Dà péng　Nà hǎo　jīn tiān nǐ xiān gēn wǒ xué yā tuǐ　Duì　hòu yā
郑大鹏：那好，今天你先跟我学压腿。对，后压

tuǐ　qián yā tuǐ
腿、前压腿……

Zheng Dapeng：Well, then. Please follow me to learn
　　　　　　how to stretch first. Right, hamstring
　　　　　　stretch and then quadricep stretch...

Mài　kè　Ō　hǎo tòng
迈 克：噢，好痛。

Mike：Ouch, it's painful.

Zhèng Dà péng　Sú huà shuō　　Liàn quán bú liàn gōng　dào tóu yì chǎng
郑大鹏：俗话说："练拳不练功，到头一场

kōng　　Zhǐ yǒu liàn hǎo zhā shi de　jī běn gōng hé guī fàn de
空。"只有练好扎实的基本功和规范的

jī běn dòng zuò　cái kě xùn sù rù mén kuài sù tí gāo
基本动作，才可迅速入门、快速提高。

Zheng Dapeng：There is a saying which goes, "Practi-
　　　　　　cing boxing without doing the basics,
　　　　　　would all be in vain." As long as you are
　　　　　　practicing the solid basics and standardi-
　　　　　　zing your basic movements, you can cross
　　　　　　the threshold quickly and improve rapidly.

Mài　kè　Shì　jiào liàn
迈 克：是，教练。

Mike：Yes, master.

Zhèng Dà péng　Nǐ dōu jiàn guo shén me quán
郑大鹏：你都见过什么拳？

Zheng Dapeng：What kind of boxing have you seen?

Mài kè Wǒ zài diàn yǐng li jiàn guo zuì quán hé yīng zhǎo quán Tā men
迈 克：我在电影里见过醉拳和鹰爪拳。它们
　　　　dōu shì cháng quán ma
　　　都是长拳吗?

Mike：I've seen drunk boxing and eagle boxing in mov-
　　　ies. Do they all belong to long boxing?

Zhèng Dà péng Duì tā men dōu shǔ yú cháng quán Xià miàn wǒ gěi nǐ jiè
郑 大 鹏：对,他们都属于长拳。下面我给你介
　　　　　shào jǐ gè bù fǎ
　　　　绍几个步法。

Zheng Dapeng：Yes. Both of them are long boxing.
　　　　　　　Now I'm going to introduce you to some
　　　　　　　footwork.

Mài　Kè　Hǎo de
迈 克：好的。

Mike：OK.

Zhèng Dà péng Zhè shì gōng bù zhè shì mǎ bù hái yǒu xū bù dú lì bù
郑 大 鹏：这是弓步,这是马步,还有虚步、独立步
　　　　　hé qí lín bù
　　　　和麒麟步。

Zheng Dapeng：This is a bow stance. This is a horse-
　　　　　　　riding stance, and an empty stance, single
　　　　　　　leg stance and you have a kylin stance.

Mài　kè　Qián liǎng zhǒng bù fǎ wǒ jīng cháng jiàn
迈 克：前两种步法我经常见。

Mike：I often see the first two steps.

Zhèng Dà péng Shì de zhè shì zuì jī běn de bù fǎ zài hěn duō xiàng mù
郑 大 鹏：是的,这是最基本的步法,在很多项目
　　　　　zhōng dōu yòng Nǐ xiān liàn xí zhè jǐ zhǒng bù fǎ ba
　　　　中都用。你先练习这几种步法吧,
　　　　rán hòu zài jiāo nǐ jī běn dòng zuò
　　　　然后再教你基本动作。

Zheng Dapeng：Yes, because they are the most basic

stances and used in many items. You'd better practice these stances first, and then I'll teach you some basic movements.

Mài kè Hǎo wǒ yí dìng hǎo hāor liàn
迈 克：好，我一定好好儿练。

Mike：All right. I'll practice hard.

词　汇
Vocabulary

对话 1

可能	kěnéng/perhaps, maybe, be likely to
时差	shíchā/jet lag
原因	yuányīn/reason
回头	huítóu/later
住	zhù/live, stay
地方	dìfang/place
公司	gōngsī/company
喝	hē/drink
咖啡	kāfēi/coffee
太极拳	tàijíquán/Taijiquan, shadow boxing
拳	quán/fist, boxing
太极剑	tàijíjiàn/Taiji sword
八卦掌	bāguàzhǎng/eight-diagram boxing
动作缓慢	dòngzuò huǎnmàn/slow in movement
长拳	chángquán/long boxing
大刀	dāo/broadsword
枪	qiāng/spear

棍	gùn/cudgel
感兴趣	gǎn xìngqù/be interested in
武术	wǔshù/martial arts
港台	Gǎng Tái/Hong Kong and Taiwan
大陆	dàlù/mainland China
功夫片	gōngfupiàn/Kungfu movie
电影	diànyǐng/film, movie
生活	shēnghuó/life
少见	shǎojiàn/rarely seen, seldom seen
机会	jīhuì/chance, opportunity
圆梦	yuánmèng/have one's dream fulfilled or realized
正好	zhènghǎo/just right, just in time, as it happens

对话 2

幸会	xìnghuì/nice to meet you
打算	dǎsuàn/intend, be going to
具体的	jùtǐ de/detailed, specific
徒手的	túshǒu de/unarmed, bare-handed
器械的	qìxiè de/armed, with weapons
实用的	shíyòng de/practical
健身房	jiànshēnfáng/gymnasium
定	dìng/settle
名片	míngpiàn/business card
到时	dàoshí/by the time
感谢	gǎnxiè/appreciate, thank, acknowledge

客气	kèqi/stand on ceremony

对话 3

难看	nánkàn/ugly
帅	shuài/handsome
压腿	yā tuǐ/stretch
后压腿	hòu yātuǐ/hamstring stretch
痛	tòng/pain；painful
到头	dào tóu/in the end
一场空	yì chǎng kōng/in vain，fruitless
扎实	zhāshi/solid
规范	guīfàn/normalize，standardize
入门	rùmén/cross the threshold
快速	kuàisù/rapid，fast
提高	tígāo/improve，advance
醉拳	zuìquán/drunk boxing
鹰爪拳	yīngzhǎoquán/eagle boxing
属于	shǔyú/belong to
介绍	jièshào/introduce；introduction
步法	bùfǎ/footwork
弓步	gōngbù/bow stance
马步	mǎbù/horse-riding stance
虚步	xūbù/empty stance
独立步	dúlìbù/single leg stance
麒麟步	qílínbù/kylin stance

—— 运动口语

相关用语
Relevant Expressions

● chā
叉
fork

● fēi gōng
飞功
chikung

● gōu
钩
hook

● bǐ shǒu
匕首
dagger

● sǎn dǎ
散打
free combat

● shuāng jiàn
双剑
double swords

● dùn
盾
shield

● quán fǎ
拳法
fist technique

bǎi quán
● 摆拳
swing

liáo quán
● 撩拳
upper cutting fist

chuān zhǎng
● 穿 掌
piercing palm

jià quán
● 架拳
close fist

语言文化小贴士
Language Tips

1. 圆梦

这个词有两个意思,一个是指实现某人的梦想,另一个是指解说梦的吉凶,后者人们通常也用"解梦"表示。在对话中圆梦的意思是指实现某人的梦想。

This word "yuánmèng" has two meanings: one refers to have one's dream fulfilled, another refers to having one's dream expounded or read. The latter one can also replaced with "jiěmèng" to express the same meaning. In the dialogue of this unit, "yuánmèng" refers to having one's dream fulfilled.

2. 像那么回事

这是一种地道的口语表示方式,意思是"某人的穿着打扮或行为举止与其所做的事很接近或相配"。一般人

运
动
口
语

们会说干什么事就要有干什么事的样子,所以,练武术如果穿上传统的习武人的衣服,看上去就更像练武术的人了。

哇,迈克,你穿上这身武术服还真像那么回事。

是吗,不难看吧?

"Xiàng nàme huí shì" is a typical colloquial expression, meaning "one's dressing and behavior are suitable to or match with the thing he or she is doing". Usually people say one has to act like what he or she is doing. So for practicing martial arts, one has to look like one who practices martial arts if wearing traditional clothes of the martial arts.

练　习
Exercises

1. 根据课文对话。Complete dialogues below according to the text.

1) A: 一路上还好吧?

B：还行，_____，可能是时差的原因。

2）A：那些人在干什么？

　　B：哦，在_____。

3）A：年轻人一般打什么？

　　B：_____、刀、枪、棍这些。

4）A：我什么时间去合适？

　　B：周三或周五晚上 9 点以后，我都_____。

5）A：你以前_____武术吗？

　　B：没有。

2. 选择适当的词填空。Fill in the blanks with words given below.

客气　基本动作　感兴趣　回事　地道

1）怎么你也_____？

2）一般般了，还不是很_____。

3）谢什么，跟我还_____。

4）你穿上这身武术服还真像那么_____。

5）你先练习这几种步法吧，然后再教你_____。

健 身

Unit 15 Body-building

必备用语
Key Expressions

Měi tiān dōu yǒu rén lái liàn

● 每天都有人来练。

People come every day to exercise.

Wǒ yě xiǎng jiàn shēn

● 我也想健身。

I also want to do some body-building.

Zěn me bàn

● 怎么办?

What should I do?

Shén me shí hou bàn dōu kě yǐ ma

● 什么时候办都可以吗?

Can I do it any time?

Suí shí bàn jiù xíng

● 随时办就行。

Any time will do.

Nǐ de tǐ xíng bǎo chí de hái bú cuò

● 你的体型保持的还不错。

You're in good shape.

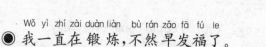

◉ Wǒ yì zhí zài duàn liàn, bù rán zǎo fā fú le
我一直在锻炼，不然早发福了。

I'm always exercising, otherwise I would have long been out of shape.

◉ Wǒ shì shi néng zuò jǐ gè
我试试能做几个。

Let me see how many I can do.

◉ Suí nǐ le
随你了。

It's up to you.

情景对话
Situational Dialogues

1. 健身（一）Body-building（1）

（After class, Mike is visiting Zheng Dapeng's gym.）

Mài kè Nǐ zhè lǐ hái mán dà de
迈 克：你这里还蛮大的。

Mike：Your gym is pretty big.

Zhèng Dà péng Wǒ zhè lǐ yǒu qì xiè liàn xí、tái quán dào、róu dào、yú gā
郑 大 鹏：我这里有器械练习、跆拳道、柔道、瑜伽

hé jiàn měi cāo děng jiàn shēn xiàng mù
和健美操等健身项目。

Zheng Dapeng：I have fitness trainings such as circuit training, tae kwon do, Judo, Yoga and aerobics.

Mài kè Lái liàn de rén duō ma
迈 克：来练的人多吗？

Mike：Are there many people coming to do exercises here?

Zhèng Dà péng Duō，měi tiān dōu yǒu rén lái liàn
郑 大 鹏：多，每天都有人来练。

Zheng Dapeng：A lot. People come every day.

Mài kè：真不错，我也想健身。如果我想练器械，怎么办？

Mike：That's really good. I want to do some body-building. If I do circuit training, what should I do?

Zhèng Dà péng：你可以办卡，有月卡、季卡、年卡。

Zheng Dapeng：You can apply for a card. There are monthly cards, three-month cards and one-year cards.

Mài kè：费用呢？

Mike：What about the fees?

Zhèng Dà péng：月卡 360，季卡 860，年卡 2000。

Zheng Dapeng：The monthly card is 360 *yuan*, the three-month card is 860 *yuan*, and the one-year card is 2,000 *yuan*.

Mài kè：什么时候办都可以吗？

Mike：Can I do it any time?

Zhèng Dà péng：随时办就行。

Zheng Dapeng：Any time is okay.

Mài kè：我看看都有什么器械，跑步机、划船机、健身单车……

Mike：Let me see what machines you have, running

machine，rowing，cycling...

Zhèng Dà péng Zhèr　yǒu zōng hé liàn xí qì　kě yǐ liàn xí bì lì　tuǐ
郑 大 鹏：这儿有 综合 练习器，可以练习臂力、腿
bù jī ròu hé fù jī
部肌肉和腹肌。

Zheng Dapeng：There are integrated exercise appliances where people can exercise their arms，legs and abdomen muscles.

Mài　kè　Yǒu rén zhǐ dǎo ma
迈 克：有人指导吗?

Mike：Are there any trainers to instruct?

Zhèng Dà péng　Yǒu　wǒ men yǒu yī duì yī de jiàn měi jiào liàn
郑 大 鹏：有，我们有一对一的健美教练。

Zheng Dapeng：Yes. We have one-to-one fitness trainers.

Mài　kè　Hěn hǎo　wǒ xiǎng xià cì lái xiān bàn yí gè yuè kǎ　zěn me
迈 克：很好，我 想 下次来 先办一个月卡，怎么
yàng
样?

Mike：Very good，next time I think I'll apply for a monthly card，is that all right?

Zhèng Dà péng　Suí nǐ le　Wǒ hěn huān yíng nǐ lái zhèr　duàn liàn
郑 大 鹏：随你了。我很欢迎你来这儿锻炼。

Zheng Dapeng：It's up to you. I warmly welcome you to do exercises here.

Mài　kè　Yòu xué le wǔ shù　yòu jiàn shēn le
迈 克：又学了武术，又健身了。

Mike：I can learn martial arts and get fit at the same time.

Zhèng Dà péng　Méi cuò　zhè jiào yì jǔ liǎng dé　Hā hā hā
郑 大 鹏：没错，这叫一举两得。哈哈哈!

Zheng Dapeng：That's right. It called killing two birds with one stone. Ha-ha-ha.

运动口语

2. 健身(二)Body-building(2)

(Wang Xiaodong is free today, so he came to the gym with Mike.)

Wáng Xiǎo dōng　Yō hē　rén bù shǎo ne
王 小 东：唷呵，人不少呢。

Wang Xiaodong：Oh, there are a lot of people here.

Mài　kè　Jiàoliàn　wǒ lái le　　Kǎ wǒ bàn hǎo　le
迈　克：教练，我来了。卡我办好了。

Mike：Master, I'm here. I've got the card.

Zhèng Dà péng　Hǎo　wǒ gěi nǐ zhǎo gè jiào liàn
郑 大 鹏：好，我给你找个教练。

Zheng Dapeng：Good. I'll have a trainer to train you.

Mǎ　Níng　Nǐ hǎo　Mài kè　wǒ shì Mǎ Níng　Nǐ xiān guò lái chēng yí
马　宁：你好，迈克，我是马宁。你先过来称一

xià tǐ chóng　rán hòu zuò　jǐ　gè cè shì
下体重，然后做几个测试。

Ma Ning：Hello, Mike. I'm Ma Ning. Come over to
weigh in first, then do some tests.

(Wang Xiaodong is playing with integrated appliances.)

Wáng Xiǎo dōng　Wā　hǎo fèi　lì
王 小 东：哇，好费力。

Wang Xiaodong：Well, it's so strenuous.

Zhèng Dà péng　Zěn me jīn tiān yǒu kōng pǎo wǒ zhèr　wánr　lái le　Bú
郑 大 鹏：怎么今天有空跑我这儿玩儿来了？不

qù dǎ qiú le
去打球了？

Zheng Dapeng：How come you have time to play in my
gym? Won't you go play ball?

Wáng Xiǎo dōng　Hāi　xiǎng lái còu fèn zi bei　　Zěn me　bù huān yíng
王 小 东：咳，想来凑份子呗。怎么，不欢迎？

Wang Xiaodong：Well，I'd like to join you. Don't you welcome me?

Zhèng Dà péng　Nǎ néng ne　Shuō shí huà　nǐ de tǐ xíng bǎo chí de hái bú cuò
郑大鹏：哪能呢。说实话，你的体型保持的还不错

Zheng Dapeng：How can I? Frankly speaking, your body is in good shape.

Wáng Xiǎo dōng　Wǒ yì zhí zài duàn liàn　bù rán zǎo fā fú le
王小东：我一直在锻炼，不然早发福了。

Wang Xiaodong：I keep on doing exercises, otherwise I would have long been out of shape.

Zhèng Dà péng　Rú guǒ nǐ xiǎng duàn liàn shàng shēn jī ròu　jiù liàn zhè gè
郑大鹏：如果你想 锻炼上身肌肉，就练这个。

Rú guǒ nǐ xiǎng liàn fù jī　kě yǐ zuò yǎng wò qǐ zuò
如果你想 练腹肌，可以做 仰卧起坐。

Zheng Dapeng：If you want to exercise your upper body muscles，you can do this. If you want to exercise your abdominal muscles，you can do sit-ups.

Wáng Xiǎo dōng　Wǒ shì shì néng zuò jǐ gè　　Ó　kàn lái shì qiàn liàn le
王小东：我试试能做几个。哦，看来是欠练了，

yǐ qián zuò zhè gè gēn bái wánr　shì de
以前做这个跟白玩儿似的。

Wang Xiaodong：Let me see how many I can do. Oh, it looks as if I lack exercises. I used to do this without any difficulty.

词　汇
Vocabulary

对话 1

蛮大　　　　mán dà/very big

运动口语

这里	zhèlǐ/here
器械练习	qìxiè liànxí/circuit training
跆拳道	táiquándào/tae kwon do
柔道	róudào/judo
瑜伽	yújiā/yoga
健美操	jiànměicāo/aerobics; body-building exercises
每天	měitiān/every day
办卡	bàn kǎ/apply for a card
月卡	yuèkǎ/monthly card
季卡	jìkǎ/three-month card
年卡	niánkǎ/one-year card
费用	fèiyòng/fee, cost, charge
随时	suíshí/any time, at any moment
跑步机	pǎobùjī/running machine
划船机	huáchuánjī/rowing machine
健身单车	jiànshēn dānchē/fitness bike
综合练习器	zōnghé liànxíqì/integrated exercise appliances
臂力	bìlì/arm strength
腹肌	fùjī/abdominal muscles
指导	zhǐdǎo/instruct, coach
一对一	yī duì yī/one-to-one
健美教练	jiànměi jiàoliàn/fitness trainer
下次	xià cì/next time
随你	suí nǐ/up to you
欢迎	huānyíng/welcome

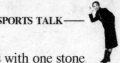

一举两得　　yì jǔ liǎng dé/kill two birds with one stone

对话 2

少	shǎo/few, less
过来	guòlái/come over
称	chēng/weigh
体重	tǐzhòng/(body) weight
测试	cèshì/test
费力	fèilì/strenuous
凑份子	còu fènzi/join, add trouble
实话	shíhuà/truth
保持	bǎochí/keep
发福	fāfú/grow stout, grow fat, put on weight
上身	shàngshēn/upper body
肌肉	jīròu/muscle
仰卧起坐	yǎngwòqǐzuò/sit-up
欠练	qiànliàn/lack exercise
白玩儿	báiwánr/easy to do, not difficult, not hard

```
┌──────────────────┐
│    相关用语        │
│ Relevant Expressions │
└──────────────────┘
```

jiàn shēn qì cái
◉ 健身器材
　　body-building equipment

yǒu yǎng yùn dòng qì xiè
◉ 有氧运动器械
　　aerobic exercise machines

运动口语

◉ tái jiē xùn liàn
台阶训练
stair-training

◉ wú yǎng yùn dòng qì xiè
无氧运动器械
anaerobic exercise equipment

◉ zōng hé liàn xí qì
综合练习器
integrated exercise appliance

◉ dān xiàng liàn xí qì
单项练习器
single item exercise appliance

◉ xià lā liàn xí qì
下拉练习器
pulling exercise appliance

◉ bì bù qū shēn qì
臂部屈伸器
arm stretching appliance

◉ tuǐ bù qū shēn qì
腿部屈伸器
leg stretching appliance

◉ fù jī xùn liàn qì
腹肌训练器
abdomen training appliance

◉ yǎ líng
哑铃
dumbbell

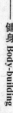

◉ 拉力器

_{lā lì qì}

pulling machine

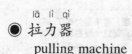

语言文化小贴士
Language Tips

1. 一举两得

这个成语是指做一件事情,得到两种收获。

This phrase means to kill two birds with one stone; gain two ends at once.

2. 凑份子

这个词语有两种意思,一个是大家出钱为某人买东西作为礼物,一般用于某人结婚的场合;另一个意思是添乱或参与某事。

This phrase "còu fènzi" has two meanings: one is to join together to buy a present for someone, usually used on the occasion of one's wedding; another is to add trouble or to join someone or something.

例:我们女人在一起聊天,你这个大男人来凑什么份子。

We women are chatting, why is a big man like you here to join us?

3. 欠练

指缺乏锻炼的意思。"欠"表示"缺乏,缺少","练"表示"锻炼"。

The phrase "qiàn liàn" means "lack exercise". The word "qiàn" means "lack of, short of", the word "liàn" means "exercise".

——**TALK CHINESE**

运动 口语

哦，看来是欠练了，以前做这个跟白玩儿似的。

4. 白玩儿

指某事很容易干，不费力气。在这里可不要理解成不花钱就可以玩，或是玩完了什么也没有得到。

The phrase "bái wánr" means something is easy to do; not difficult. Don't confuse the phrase in this dialogue into playing without spending money or nothing gained or received after playing.

练 习
Exercises

1. 根据课文选择适当的词语完成句子或对话。**Choose the right words to complete sentences or dialogues below according to the text.**

1）A：来练的人多吗？

B：多，＿＿＿＿＿＿＿。

2）A：如果我想练器械，怎么办？
　　B：你可以＿＿＿＿＿＿，有＿＿＿＿＿＿、季卡、年卡。

3）A：什么时候办都可以吗？
　　B：＿＿＿＿＿＿。

4）我看都有什么器械，＿＿＿＿＿＿、＿＿＿＿＿＿、＿＿＿＿＿＿……

5）如果你想练腹肌，可以做＿＿＿＿＿＿。

2. 根据课文选择适当的词语填空。Choose the right words according to the text to fill in the blanks.

1）我也想＿＿＿＿＿＿。
　　A. 跳舞　B. 健身　C. 唱歌
2）你的＿＿＿＿＿＿保持的还不错。
　　A. 体型　B. 肌肉　C. 形状
3）我一直在锻炼，不然早＿＿＿＿＿＿了。
　　A. 发财　B. 有福　C. 发福
4）哦，看来是欠练了，以前做这个跟＿＿＿＿＿＿似的。
　　A. 白玩儿　B. 好玩儿　C. 白毛儿
5）想来＿＿＿＿＿＿呗。怎么不欢迎？
　　A. 凑合子　B. 凑巧儿　C. 凑份子

附录　Appendixes

奥运会比赛项目和相关用语
Competitive Events of the Olympic Games
and Relevant Expressions

1. 项目分类 Xiàngmù fēnlèi/ **Classification of Events**

一、田径　tiánjìng/Athletics(Track and Field)

  1. 跑　pǎo/Race：

    1) 短跑　duǎnpǎo/short-distance race

    2) 中跑　zhōngpǎo/middle-distance race

    3) 长跑　chángpǎo/long-distance race

    4) 跨栏　kuàlán/hurdle race

    5) 接力　jiēlì/relay race

    6) 马拉松　mǎlāsōng/marathon

    7) 三项全能　sānxiàng quánnéng/triathlon

  2. 跳　tiào/Jump：

    1) 跳高　tiàogāo/high jump

    2) 跳远　tiàoyuǎn/long jump

    3) 三级跳　sānjítiào/triple jump

    4) 撑竿跳　chēnggāntiào/pole vault（pole
         jump）

  3. 投　tóu/Throw：

1) 铅球　qiānqiú/shot put
2) 铁饼　tiěbǐng/discus throw
3) 标枪　biāoqiāng/javelin throw
4) 链球　liànqiú/hammer throw
4. 竞走　jìngzǒu/road walk
5. 五项全能　wǔxiàngquánnéng/pentathlon
6. 女子七项　nǚzǐ qīxiàng/heptathlon
7. 十项全能　shíxiàngquánnéng/decathlon

二、球类　qiúlèi/Ball Games
1. 羽毛球　yǔmáoqiú/badminton
2. 乒乓球　pīngpāngqiú/table tennis
3. 网球　wǎngqiú/tennis
4. 篮球　lánqiú/basketball
5. 足球　zúqiú/football
6. 排球　páiqiú/volleyball
7. 棒球　bàngqiú/baseball
8. 手球　shǒuqiú/handball
9. 垒球　lěiqiú/softball
10. 曲棍球　qūgùnqiú/hockey
11. 沙滩排球　shātān páiqiú/beach volleyball

三、水下运动　shuǐxià yùndòng/Aquatics
1. 游泳　yóuyǒng/Swimming：
1) 自由泳　zìyóuyǒng/freestyle
2) 仰泳　yǎngyǒng/backstroke
3) 蛙泳　wāyǒng/breaststroke
4) 蝶泳　diéyǒng/butterfly
5) 个人混合泳　gèrén hùnhéyǒng/individual medley
6) 混合接力　hùnhé jiēlì/medley relay
7) 自由泳接力　zìyóuyǒng jiēlì/freestyle relay

运动口语

2. 跳水　tiàoshuǐ/Diving

   1) 跳台　tiàotái/platform diving

   2) 跳板　tiàobǎn/springboard diving

   3) 花样跳台(跳板)　huāyàng tiàotái(tiàobǎn)/
     synchronized diving platform/springboard

3. 花样游泳　huāyàng yóuyǒng/Synchronized
                  Swimming

4. 水球　shuǐqiú/Water Polo

四、水上运动　shuǐshàng yòngdòng/Water Sports

1. 赛艇　sàitǐng/Rowing

2. 皮划艇　píhuátǐng/Canoe（Kayak）

3. 帆船　fānchuán/Sailing

五、自行车　zìxíngchē/Cycling

六、马术　mǎshù/Equestrian

  盛装舞步　shèngzhuāng wǔbù/Dressage

  障碍赛　zhàng'àisài/Jumping

七、击剑　jījiàn/Fencing

1. 花剑　huājiàn/Foil

2. 重剑　zhòngjiàn/Epee

3. 佩剑　pèijiàn/Saber

八、体操　tǐcāo/Gymnastics（woman/man gymnast）

1. 双杠　shuānggàng/Parallel bars

2. 单杠　dāngàng/Horizontal bar

3. 吊环　diàohuán/Rings

4. 鞍马　ānmǎ/Pommel horse

5. 跳马　tiàomǎ/Vault

6. 自由体操　zìyóu tǐcāo/Floor exercises

7. 高低杠　gāodīgàng/Uneven bars

8. 平衡木　pínghéngmù/Balance Beam

9. 个人全能　gèrén quánnéng/Individual all -

round competition

10. 团体　tuántǐ/Team competition

九、艺术体操　yìshù tǐcāo/Rhythmic Gymnastics

  1. 绳操　shéngcāo//Rope

  2. 圈操　quāncāo/Hoop

  3. 球操　qiúcāo/Ball

  4. 棒操　bàngcāo/Clubs

  5. 带操　dàicāo/Ribbon

十、拳击　quánjī/Boxing

十一、举重　jǔzhòng/Weightlifting

  1. 抓举　zhuājǔ/snatch

  2. 挺举　tǐngjǔ/clean and jerk

十二、柔道　róudào/Judo

十三、跆拳道　táiquándào/Tae kwon do

十四、摔跤　shuāijiāo/Wrestling

  1. 自由式　zìyóushì/freestyle

  2. 古典式　gǔdiǎnshì/Greco-Roman

十五、现代五项　xiàndài wǔxiàng/Modern Pentathlon

  1. 马术　mǎshù/Equestrian

  2. 击剑　jījiàn/Fencing

  3. 射击　shèjī/Shooting

  4. 游泳　yóuyǒng/Swimming

  5. 越野跑　yuèyěpǎo/Cross-country race

十六、射击　shèjī/Shooting

  1. 步枪　bùqiāng/Rifle

    1）气步枪　qìbùqiāng/Air rifle

    2）运动步枪　yùndòng bùqiāng/Rifle three positions

    3）步枪卧射　bùqiāng wòshè/Rifle prone

  2. 手枪　shǒuqiāng/Pistol

1）气手枪　qìshǒuqiāng/Air pistol

2）速射　sùshè/Rapid fire pistol

3. 移动靶　yídòngbǎ/Running target

4. 飞碟射击　fēidié shèjī/Clay targets

1）多向飞碟　duōxiàng fēidié/Trap125/75

2）多向飞碟　duōxiàng fēidié/Double trap 150/120

3）双向飞碟　shuāngxiàng fēidié/Skeet 125/75

十七、射箭　shèjiàn/Archery

2. 参加人员　Participants

运动员　yùndòngyuán/athlete

教练员　jiàoliànyuán/coach

主教练　zhǔjiàoliàn/chief coach

总教练　zǒngjiàoliàn/head coach

裁判员　cáipànyuán/referee

国际裁判　guójì cáipàn/international referee

主裁判　zhǔcáipàn/chief referee

裁判长　cáipànzhǎng/head（chief）judge, head（chief）referee

裁判委员会　cáipàn wěiyuánhuì/jury, commission of refereeing and judging

3. 名次和称谓 Place and Title in Competition

冠军　guànjūn/champion

亚军　yàjūn/runner-up

季军　jìjūn/third place

奖牌　jiǎngpái/medal

奖牌榜　jiǎngpáibǎng/medal list

金牌　jīnpái/gold medal

银牌　yínpái/silver medal

铜牌　tóngpái/bronze medal

个人冠军　gèrén guànjūn/individual champion

团体冠军　tuántǐ guànjūn/team champion

世界冠军　shìjiè guànjūn/world champion

优秀运动员　yōuxiù yùndòngyuán/top player

老运动员　lǎo yùndòngyuán/veteran athlete

年轻运动员　niánqīng yùndòngyuán/young athlete

种子选手　zǒngzi xuǎnshǒu/seed player

世界记录保持者　shìjiè jìlù bǎochízhě/world record holder

亚洲记录保持者　yàzhōu jìlù bǎochízhě/Asian record holder

破记录选手　pò jìlù xuǎnshǒu/record breaker

4. 相关用语　**Relevant Expressions**

_{Xià jì Ào yùn huì}
◉ 夏季奥运会
Summer Games

_{Dōng jì Ào yùn huì}
◉ 冬季奥运会
Winter Games

_{Cán jí rén Ào yùn huì}
◉ 残疾人奥运会
Paralympic Games

_{Guó jì Ào wěi huì}
◉ 国际奥委会
The International Olympic Committee

● Zhōngguó Ào wěi huì
中国奥委会
China Olympic Committee

● Ào yùn huì zhǔ bàn guó　chéng shì
奥运会主办国（城市）
host country/city of the Olympic Games

● Ào lín pǐ kè yùndòng gé yán　Gèngkuài gènggāo gèngqiáng
奥林匹克运动格言："更快，更高，更强"。
The Olympic motto:"Faster,Higher,Stronger."

● Lù sè Ào yùn　kē jì Ào yùn　rén wén Ào yùn
绿色奥运，科技奥运，人文奥运。
Green Olympics, High-tech Olympics, People's O-lympics.

● Xīn Běi jīng　xīn Ào yùn
新北京，新奥运。
New Beijing,Great Olympics.

● Ào lín pǐ kè yùndòng　Ào lín pǐ kè jīngshén
奥林匹克运动，奥林匹克精神
Olympic movement;Olympic spirit.

● huì qí
会旗
Olympic flag

● wǔ huán qí
五环旗
five-circle flag

● huì gē
会歌
Olympic anthem

● yí zhàng duì
仪仗队

266

guard of honor

● guān kàn bǐ sài
观看比赛
watch games

● guān zhòng
观众
audience

● yùn dòng yuán
运动员
athlete

● fú wá
福娃
Fuwa

● zhì yuàn zhě
志愿者
volunteer

● zhǔ huì chǎng
主会场
main stadium

● kāi mù shì
开幕式
opening ceremony

● rù chǎng shì
入场式
entrance ceremony

● huǒ jù chuán dì
火炬传递
torch relay

◉ diǎn huǒ jù
点火炬
ignite torch

◉ dà xíng gē wǔ biǎo yǎn
大型歌舞表演
large-size entertainment show

◉ jí xiáng wù
吉祥物
mascot

◉ fàng huā
放花
set off fireworks

◉ kǒu hào
口号
slogan

◉ jiè
届
session

◉ bǐ sài xiàng mù
比赛项目
competitive event

◉ Ào yùn mí
奥运迷
Olympic fanatics(fan)

附录二
Appendix Ⅱ
运动常用术语
Commonly Used Sports Terms

1.

篮球　Lánqiú /Basketball

半场　bànchǎng /half-court

背传　bèichuán /back pass

补篮　bǔlán /tip in shot，follow up shot

擦板入篮　cābǎn rù lán /rebound shot

裁判　cáipàn /referee

场地　chǎngdì /court，field

持球　chíqiú /hold the ball

臭球　chòuqiú /bad ball

出界　chūjiè /outside

传丢了　chuándiē le /lose the ball when passing it

传给　chuán gěi /pass to

传球　chuánqiú /pass the ball

大比分　dà bǐfēn /high score

大前锋　dà qián fēng /power forward

带球上篮　dài qiú shàng lán /driving to the hoop

单手投篮　dānshǒu tóulán /one-hand shot

弹出来　tán chūlái /bounce out

得分　défēn /point，score

得分后卫　défēn hǒuwèi /shooting guard

底线　dǐxiàn /bottom line

底线切入　dǐxiàn qiērù /drive the lane

第三节　dì-sān jié /the third period

断球　duànqiú /steal

罚球　fáqiú /foul shot, free shot

罚球线　fáqiúxiàn /foul line

罚下　fáxià /be penalized off

翻盘　fānpán /turn over the game

翻身跳投　fānshēn tiàn tóu/turn around, jump and shoot

翻身投篮　fánshēn tóu lán /turn around to shoot

反手投篮　fǎnshǒu tóu lán /reverse lay-in

犯规　fànguī /foul

防守　fángshǒu /defense

盖掉　gàidiào /block a shot

盖帽　gàimào /block a shot

勾手投篮　gōushǒu tóu lán /hook shot

故意撞人　gùyì zhuàngrén /bump on purpose

灌篮　guànlán /dunk shot, slam dunk

好球　hǎo qiú /good shot

合法撞人　héfǎ zhuàngrén /legal bump

横向　héngxiàng /cross direction

后场　hòuchǎng /rear field

后卫　hòuwèi /guard

换人　huàn rén /change people; substitution

击地传球　jīdì chuámqiú/bounce pass

急停　jítíng /quick stop

急停投篮　jítíng tóu lán /quick stop shot

技术犯规　jìshù fànguī /technique foul

教练　jiàoliàn /coach

近投　jìntóu /close-in shot

进攻　jìngōng /attack

禁区　jìnqū /forbidden zone, penalty area

客场　kèchǎng /road court

控球 kòngqiú /control the ball

控球后卫 kòngqiú hòuwèi /point guard

扣篮 kòulán /over-the-rim shot，dunk shot

拦住 lánzhu /block

篮板球 lánbǎnqiú /rebound

篮球 lánqiú /basketball

篮球场 lánqiúchǎng /basketball court

篮球队 lánqiúduì /basketball team

篮球圈 lánqiúquān /ring，hoop

两次运球 liǎng cì yùnqiú /double dribble

领先 lǐngxiān /in the lead；lead

命中率 mìngzhònglǜ /shooting average

拿球 ná qiú /hold the ball

内(外)侧投 nèi (wài) cètóu /inner (exterior) side shoot

内线 nèixiàn /inner line

抛球 pāoqiú /cast the ball

跑动 pǎodòng /run

前场 qiánchǎng /front field

前锋 qiánfēng /forward，vanguard

强行闯入 qiángxíng chuǎngrù /muscle in

抢断成功 qiǎngduàn chénggōng /succeed in stealing the ball

抢篮板 qiǎng lánbǎn /try to grab a rebound

切入上篮 qiērù shànglán /cut-in lay up

侵人犯规 qīnrén fànguī /attacking foul

全场 quánchǎng /full court

三分球 sānfēnqiú /three-point shot

三分远投 sānfēn yuǎn tóu /three-point long shot

上(下)半场 shàng (xià) bànchǎng /first (second) half game

上篮　shànglán /lay up

失误　shīwù /turn over

首发阵容　shǒu fā zhènróng /initial lineup

替补队员　tìbǔ duìyuán /substitute（player）

跳投　tiàotóu /jump and shoot；jump shot

投篮　tóulán /shoot

投外线　tóu wàixiàn /shoot outside the three-point line

投中　shóuzhòng /make a shot

外围远投　wàiwéi yuǎntóu /outside long shot

外线　wàixiàn /exterior line

小前锋　xiǎoqiánfēng /small forward

压哨球　yāshàoqiú /ball at the whistle

延长赛　yánchángsài /prolonged match

赢　yíng /win

远投　yuǎntóu /long shot

运球　yùnqiú /dribble

暂停　zàntíng /time-out

争球　zhēngqiú /scramble for the ball

中锋　zhōngfēng /center

中了　zhòngle /hit，have a shot

主场　zhǔchǎng /home court

助攻　zhùgōng /assist

走步　zǒubù /travel

2.

足球　Zúqiú /Football

八分之一决赛　bā fēn zhī yī jué sài /eighth-final

半决赛　bànjuésài /semi-final

第一轮　dì-yīlún /first round

循环赛　xúnhuánsài /round-robin

淘汰赛　táotàisài /elimination match，kick-out

扳平　bānpíng /equalize the score

比分　bǐfēn /score

边顶掷球　biān jǐng zhìqiú /overhead throw

掷界外球　zhì jièwàiqiú /throw in

裁判　cáipàn /referee

插上进攻　chāshàng jìngōng /release

长传突破　chángchuán tūpò /long pass breakthrough

沉底传中　chéndǐ chuánzhōng /bottom line pass to the center

冲撞犯规　chōngzhuàng fànguī /bump foul

传球　chuánqiú /pass

顶球　dǐngqiú /head a ball

横（短，边界）传　héng（duǎn，biānjiè）chuán cross（short，flank）pass

铲球　chǎnqiú /sliding tackle

倒勾球　dàogōuqiú /overhead kick

角球　jiǎoqiú /corner kick

直接（间接）球　zhíjiē（jiànjiē）qiú /direct（indirect）kick

传球失误　chuánqiú shī wù /miss a pass

传中　chuánzhōng /pass to the center

打门　dǎmén /shoot

打平　dǎpíng /end in a draw

带球过人　dàiqiú guòrén /dribble past

点球　diǎnqiú /penalty shoot-out；penalty kick

罚球　fáqiú /foul

定位球　dìngwèiqiú /place kick

任意球　rènyìqiú /free kick

罚下　fá xià /sent off

犯规　fànguī /foul

防守型中场　fángshǒuxíng zhōngchǎng /defensive midfield

红(黄)牌　hóng (huáng) pái /red (yellow) card

防守　fángshǒu /defense

过人　guòrén /dribble past

后卫　hòuwèi /back

弧线球　húxiànqiú /curving ball

击败　jībài /beat

加时赛　jiāshísài /extra-time，overtime

突破　tūpò /break through

人墙　rénqiáng /wall

交叉换位　jiāochā huànwèi /cross change

角球　jiǎoqiú /corner kick

界外球　jièwàiqiú /foul ball

紧盯(人战术)　jǐndīng (rén zhànshù) /close watch

禁区　jìnqù /penalty area

决赛　juésài /final

开球　kāiqiú /kick-off

看台　kàntái /stand

篱笆战术　líbā zhànshù /fence strategy

门框　ménkuàng /frame

密集防守　mìjí fángshǒu /close defense

拿冠军　ná guànjūn /win the championship

平局　píngjú /draw

拉拉队　lālāduì /cheer team

帽子戏法(一运动员一场进三球)　màozi xìfǎ(yí yùndòng yuán yì chǎng jìn sān qiú) /hat-trick

破门 pòmén /break the goal；goal

前锋 qiánfēng /forward

清道夫 qīngdàofū /sweeper

清道夫区域防守 qīngdàofū qūyù fángshǒu /sweeper zone defense

全攻全守 quán gōng quán shǒu /all attack all defense

球门 qiúmén /goal

球门球 qiúménqiú /goal ball

球员 qiúyuán /player

上(下)半场 shàng (xià) bànchǎng /first (second) half

中场休息 zhōngchǎng xiūxi /half time

勺子点球 sháozi diǎmqiú/scoop penalty kick

勺子球 sháoziqiú /scoop ball

射门 shèmén /shoot

胜负 shèngfù /victory or defeat，win or lose

世界杯 shìjièbēi /World Cup

手球 shǒuqiú /handball

守门员 shǒuményuán /goalie，goalkeeper

四分之一决赛 sì fēn zhī yī juésài /quarter-final

踢 tī /kick

踢出界 tī chūjiè /kick-out

铁杆球迷 tiěgǎn qiúmí /faithful football fan

头顶 tóu dǐng /head

头球 tóuqiú /head the ball；heading

伪球迷 wěi qiúmí /fake football fan

乌龙球 wūlóngqiú /own goal

巡边员 xúnbiānyuán /linesman

右边后卫 yòu biānhòuwèi /right back (right-wing-back)

右中后卫 yòu zhōnghòuwèi /center(inside-right)

越位　yuèwèi /offside

运球　yùnqiú /dribble

直接任意球　zhíjiē rènyìqiú /direct free kick

中场（中路）　zhōngchǎng（zhōnglù）/center（midfield）

中场断球　zhōngchǎng duànqiú /tackles in midfield

中锋　zhōngfēng /center

足球　zúqiú /football

足球场　zúqiúchǎng /football field

足球队　zúqiúduì /football team

足球盲　zúqiúmáng /know nothing about football

左内中场　zuǒ nèi zhōngchǎng /left-back

左中卫　zuǒ zhōngwèi /left midfield

前腰　qiányāo /central striker

右边锋　yòubiánfēng /right winger

右前锋　yòuqiánfēng /right forward

中锋　zhōngfēng /center forward

左前锋　zuǒ qiánfēng /left forward

左边锋　zuǒ biānfēng /left winger

左中后卫　zuǒ zhōnghòuwèi /center(inside-left)

左边后卫　zuǒ biānhòuwèi /left back(left-wing-back)

3.

排球　Páiqiú **/Volleyball**

半翻滚救球　bànfāngǔn jiùqiú /collapse

半快球　bànkuàiqiú /half quick spike

背传　bèichuán /back pass，back set

背飞　bèifēi /backward flight，back slide

背快球　bèikuàiqiú /quick-C，quick spike from backward set; also known as back one

背平快球(背溜)　bèipíngkuàiqiú (bèiliū) /quick-D, quick spike from backward short set

标志杆　biāozhìgān /antenna

超手扣球　chāoshǒu kòuqiú /super-hand spike, surpass the block hit, spike over the block

穿插跑动　chuānchā pǎodòng /wing

传球　chuánqiú /pass

错位快球　cuòwèi kuài qiú /deceptive fast ball

打手出界　dǎshǒu chūjiè /touch hand out

单脚背飞　dānjiǎo bèifēi /one-footed back slide

单人拦网　dānrén lánwǎng /single block

单手前扑救球　dānshǒu qiánpū jiùqiú /pancake

得分　défēn /score, point

垫球　diànqiú /dig the ball

吊球　diàoqiú /punching ball

调整传球　tiáozhěng chuánqiú /release set

短平快　duǎn píng kuài /quick-B, quick spike from flat short set

队长　duìzhǎng /header, team leader

队形　duìxíng /line up

多人拦网　duō rén lánwǎng /multiple block

拦网得分　lánwǎng défēn /block point

二传手　èrchuánshǒu /setter, tosser

发球　fāqiú /serve

发球区　fāqiúqū /service zone

发球失误　fāqiú shīwù /fail in serving

翻滚救球　fāngǔn jiùqiú /extension roll

犯规　fànguī /penalize

受伤的队员　shòushāng de duìyuán /injured player

防守不到位　fángshǒu bú dàowèi /empty defense

高点扣球　gāodiǎn kòuqiú /high spike

高吊球　gāodiàoqiú /ceiling serve，lobbing serve，sky
　　　ball serve

攻球手　gōngqiúshǒu /attacker，spiker

勾手飘球　gōushǒu piāoqiú /hook float

钩手扣球　gōushǒu kòuqiú /hook smash，windmill
　　　smash

挂网的网绳　guàwang de wǎngshéng /cable

滚网　gǔnwǎng /net

国际排球联合会　guójì páiqiú liánhéhuì /FIVB

后排保护　hòupái bǎohù /back up

后排进攻　hòupái jìngōng /back line offence /back
　　　row attack

击球　jīqiú /smash（hit）the ball

机会球　jīhuìqiú /chance ball

记分员　jìfēnyuán /scorekeeper

假扣球　jiǎkòuqiú /feint spike

交叉进攻　jiāochā jìngōng /fake cross

接发球　jiēfāqiú /receive

近体快球　jìntǐ kuàiqiú /quick-A，quick spike from
　　　close set

近网传球　jìnwǎng chuánqiú /close set

近网扣球　jìnwǎng kòuqiú /near-net-toss spike

进攻　jìngōng /attack

进攻区　jìngōngqū /front zone/attack area

进攻线　jìngōngxiàn /attack line

救球　jiùqiú /dig

局　jú /set

砍式发球　kǎnshì fāqiú /chopping serve

空间差　kōngjiānchā /quick slide，alternate position spike

扣球　kòuqiú /spike, hit, smash, kill

快球　kuàiqiú /quick spike

拦网　lánwǎng /block

连续犯规　liánxù fànguī /consecutive fouls

联赛　liánsài /league match

两次球＝连续传球　liǎng cì qiú＝liánxù chuán qiú / consecutive passes

领先　lǐngxiān /lead

轮次轮转　lún cì lún zhuǎn /rotation

落后　luòhòu /fall behind

排球运动员　páiqiú yòngdòngyuán /volleyball player

盘　pán /game, match

抛球　pāoqiú /cast the ball

跑动发球　pǎodòng fāqiú /running serve

飘球　piāoqiú /floater

平传　píngchuán /set attack

平拉开扣球　pínglākāi kòuqiú /open spike, quick spike from flat wide set

前飞　qiánfēi /forward flight，front slide

前快　qiánkuài /front slide, quick slide in front of the setter

强队　qiángduì /strong team

强攻　qiánggōng /attack by force

轻扣　qīngkòu /half-speed spike, slow spike, pat hit, dink spike

球网　qiúwǎng /net

赛点　sàidiǎn /game ball

三人拦网　sānrén lánwǎng /triple-block

上发球　shàng fāqiú /overhand serve

上手飘球　shàngshǒu piāoqiú /overhand float

上旋球　shàngxuánqiú /top spin

失误　shīwù /fail, turnover

时间差　shíjiānchā /pump, delayed spike

输　shū /lose

甩腕(扣球动作)　shuǎiwàn (kòuqiú dòngzuò) /snap
　　　　　　of wrist

双人拦网　shuāngrén lánwǎng /double block

双手头顶传球　shuāng shǒu tóu dǐng chuánqiú /volley
　　　　　　pass, overhand pass

梯次　tīcì /tandem

跳发球　tiàofāqiú /jump serve

托球　tuōqiú /set the ball

网柱　wǎngzhù /post

位置差　wèizhìchā /quick slide

五局三胜　wǔjú sān shèng /best out of five

下发球　xiàfāqiú /underarm (underhand) serve

小斜线扣球　xiǎo xiéxiàn kòuqiú /inner spike

斜线扣球　xiéxiàn kòuqiú /oblique spike, cross spike,
　　　　　　crosscourt spike

旋转球　xuánzhuǎnqiú /spin serve

亚洲排球联合会　yàzhōu páiqiú liánhéhuì /Asian Vol-
　　　　　　leyball Confederation

一传　yī chuán /pass, primary setter

一传到位　yī chuán dào wèi /pass to the spot

鱼跃救球　yúyuè jiùqiú /dive

原地起跳扣球　yuándì qǐtiào kòuqiú /standing jump
　　　　　　spike

远网扣球　yuǎn wǎng kòuqiú /distance attack, far-net

-toss spike

运动员位置　yùndòngyuán wèizhì /player's position

正面上手扣球　zhèngmiàn shàngshǒu kòuqiú /tennis smash

直臂扣球　zhíbì kòu qiú /straight arm spike

直线扣球　zhíxiàn kòuqiú /straight spike, line shot

重扣　zhòngkòu /hard spike, powerhouse smash

主攻　zhǔgōng /main attack

主攻手　zhǔgōngshǒu /main attacker, main spiker

助攻　zhùgōng /assist

助跑起跳扣球　zhùpǎo qǐtiào kòuqiú /running jump spike

准备活动（热身）　zhǔnbèi huódòng（rèshēn）/warm up

自由人　zìyóurén /the libero player

后排队员　hòu pái duì yuán /back row player

替补运动员　tìbǔ yùndòngyuán /substitutes

保护队员　bǎohuì duìyuán /covering player

轮转换位　lunzhuan huanwei /rotation

4.

羽毛球　Yǔmáoqiú /Badimton

比赛开始，零比零。　Bǐsài kāishǐ, líng bǐ líng. /Love all, play.

比赛暂停。　Bǐsài zàntíng. /Play is suspended.

侧手球　cèshǒuqiú /side-arm stroke

场点14比6。　Chǎng diǎn shísì bǐ liù. / match point

持球　chíqiú /carrying, sling

重发球　chóngfāqiú /play a let

触网　chùwǎng /touch the net

搓球　cuōqiú /twist，rub

单打　dāndǎ /single

低球　dīqiú /low shot

低手击球　dīshǒu jīqiú /underhand stroke

底线　dǐxiàn /bottom line

第二发球　dì-èr fāqiú /second server

吊球　diàoqiú /drop shot

短球　duǎnqiú /short

对角线（斜线）　duìjiǎoxiàn(xiéxiàn) /diagonal

发短球　fā duǎnqiú /soft service

发平球　fā pīngqiú /flat service

发球　fāqiú /serve

发球得分　fāqiú défēn /service ace

反手击球　fǎnshǒu jīqiú /backhand strike

高球　gāoqiú /lob

高手击球　gāo shǒu jīqiú /overhand stroke

高远球　gāo yuǎn qiú /high clear

钩球　gōuqiú /hook

后场　hòuchǎng /backcourt

坏球　huàiqiú /broken shuttle

换发球　huànfāqiú /service over

换球　huànqiú /change the shuttle

挥拍　huī pāi /swing of the racket

回球　huíqiú /return

混双　hùnshuāng /mixed doubles

击球　jīqiú /strike

击球两次　jīqiú liǎng cì/hit the shuttle twice（double hits）

交换场区　jiāohuàn chǎngqū /change ends

接发球　jiēfāqiú /return of service

接发球员违例　jiē fā qiúyuán wéilì / fault receiver

截击　jiéjī / intercept

界内　jiènèi / in

界外　jièwài / out

救球　jiùqiú / retrieve

局点　júdiǎn / game point

局数 1 比 1　júshù yī bǐ yī / one game all

扣球　kòuqiú / smash

扣杀　kòushā / kill

连击　liánjī / double hit

抛球　pāoqiú / cast

抛球发球　pāoqiú fāqiú / toss service

劈杀　pīshā / chop kill, spike

平高球　pínggāoqiú / drive clear

扑杀　pūshā / rush kill

前场　qiánchǎng / forecourt

切球　qiūqiú / cut

上手击球　shàngshǒu jīqiú / overhand strike

上网　shàngwǎng / take the net

双打　shuāngdǎ / doubles

挑球　tiǎoqiú / lift

推球　tuīqiú / push

拖带球　tuōdàiqiú / throw the shuttle

网前　wǎngqián / before net

网前球　wǎngqiánqiú / net ball

违例　wéilì / fault

下手击球　xiàshǒu jīqiú / underhand strike

正手击球　zhèngshǒu jīqiú / forehand strike

直线　zhíxiàn / straight

中场　zhōngchǎng / middle court

中路　zhōnglù /middle route

5.

乒乓球　Pīngpāng qiú /Table Tennis

擦边　cābiān /clip the table

擦边球　cābiānqiú /edge ball

擦网　cāwǎng /net

裁判　cáipàn /umpire

侧旋　cèxuán /sidespin

场　chǎng /match

重发球　chóngfāqiú /let

混双　hùnshuāng /mixed doubles

抽杀　chōushā /slam，drive

搓球　cuōqiú /spin，chop，push

出界　chūjiè /outside

打回头　dǎ huítóu/counter counterdrive

得分　défēn /point

短吊　duǎndiào /drop shot

短球　duǎnqiú /drop shot

对攻　duìgōng /counter drive

发球　fāqiú /serve

发球抢攻　fāqiú qiǎngkōng /attack after service

反抽　fǎnchōu /backhand slam

反手　fǎnshǒu /backhand

反手抽球　fǎnshǒu chōuqiú /backhand drive

反手弧圈球　fǎnshǒu húquānqiú /backhand loop drive

反手扣球　fǎnshǒu kòuqiú /backhand smash

反手削球　fǎnshǒu xiāoqiú /backhand slice

犯规　fànguī /fault

封挡　fēngdǎng /block

高吊（放高球）　gāodiào（fàng gāoqiú）/lob

高抛球　gāo pāo qiú /high toss service

横拍　héngpāi /shake-hand bat

弧圈球　húquānqiú /loop drive

换发球　huànfāqiú /change service

回合　huíhé /rally

回球　huíqiú /return

击球　jīqiú /strike

接发球　jiē fā qiú /receive

近台　jìntái /short court，close table

近台快攻　jìntái kuàigōng /close-table fast attack

决胜局　juéshèngjú /deciding game

扣球　kòuqiú /smash

快攻　kuàigōng /half volley；quick attack

拉攻　lāgōng /life drive

拉球　lāqiú /lift

拦击　lánjī /volley

短球　duǎnqiú /drop shot

连击　liánjī /double hit

连续对打　liánxù duìdǎ /rally

两面攻（左右开攻）　liǎngmiàngōng（zuǒ yòu kāi gōng）attack on both sides

两跳　liǎng tiào /double bounce

男子（女子）单打　nánzǐ（nǚzǐ）dāndǎ /men's（women's）singles

男子（女子）双打　nánzǐ（nǚzǐ）shuāngdǎ /men's（women's）doubles

男子（女子）团体　nánzǐ（nǚzǐ）tuántǐ /men's（women's）team

平分　píngfēn /deuce
前冲弧圈球　qián chōng húquānqiú /accelerated loop
球　qiú /ball
球拍　qiúpāi /paddle
球台　qiútái /table
球网　qiúwǎng /net
三局两胜　sān jú liǎng shèng /best of three games
上旋　shàngxuán /topspin
失误　shīwù /fault
推挡　tuīdǎng /push, push and block
网球　wǎngqiú /net cord
握拍　wòpāi /grip
下旋　xiàxuán /underspin(backspin)
削球　xiāoqiú /chop, slice
斜线球　xiéxiànqiú /cross shot, angle shot
直线球　zhíxiànqiú /straight
旋转球　xuánzhuǎnqiú /hook the ball
以削球为主　yǐ xiāoqiú wéi zhǔ /all cut
远台　yuǎntái /back court
中台　zhōngtái /middle court
正手　zhèngshǒu /forehand
直拍　zhípāi /pen-hold bat
五局三胜　wǔ jú sān shèng /best of five games

6.
网球　Wǎngqiú /Tennis
0 分　língfēn /love
重发球　chóngfāqiú /let
抽球　chōuqiú /ground strike

触网球　chùwǎngqiú /net
打反手球　dǎ fǎnshǒuqiú /play backhand
打正手球　dǎ zhèngshǒuqiú /play forehand
大满贯　dǎmǎnguàn /grand slam
吊高球　diào gāo qiú /lob
吊小球　diào xiǎo qiú /drop shot
发球　fāqiú /serve
发球得分　fāqiú défēn /ace A
发球失误　fāqiú shīwù /fault
反手　fǎnshǒu /backhand
截击（拦网）　lánjī (lánwǎng) /volley
技术犯规　jìshù fànguī /foul shot
局点　júdiǎn /game point
扣球　kòuqiú /smash
领先　lǐngxiān /lead
轮　lún /round
盘点　pándiǎn /set point
抛球　pāoqiú /toss
平　píng /all
平分　píngfēn /deuce
平击球　pīng jī qiú /flat (cannon ball)
强烈旋转球　qiángliè xuánzhuǎnqiú /strong spin
球落点　qiú luòdiǎn /placement
赛点　sàidiǎn /match point
三盘两胜制　sān pán liǎng shèng zhì /the best of
　　　　　　　　three sets
杀球　shāqiú /winner
上旋球　shàngxuánqiú /topspin
网球拍　wǎngqiúpāi /racket
下旋球　xiàxuánqiú /backspin

暂停　zàntíng /suspension

正手　zhèngshǒu /forehand

7.

保龄球　Bǎolíngqiú /Bowling

保龄球场　bǎolíngqiúchǎng/bowling alley

补中　bǔ zhòng /spare

此球道的最高分　cǐ qiúdào de zuì gāo fēn /high game

飞碟球　fēidiéqiú /spinner

分瓶　fēnpíng /split

海底鸡（在最后三格打出火鸡）　hǎidǐjī(zài zuìhòu sān gé dǎchū huǒjī) /bottom turkey

黑盘（整局都没有漏捡任何一球）　hēipán(zhěng jú dōu méiyǒu lòujiǎn rènhé yì qiú) /black game

红盘（此球局的分数在 200 分以上）　hóngpán(cǐ jú de fēnshù zài èrbǎi fēn yǐshàng) /red game

击两次才全倒　jī liǎng cì cái quán dǎo /spare

局　jú/game, line

连信（飞碟球出手后往左移动）　liánxìn(fēidiéqiú chūshou hòu wǎng zuǒ yídòng) /left spin

连续打出三次全倒　liánxù dǎchū sān cì quán dǎo / turkey

球道　qiúdào/lane

球路（投球法）　qiúlù (tóuqiúfǎ) delivery

球瓶　qiúpíng /pin

曲球　qūqiú /curve

全中（全倒）　quán zhòng (quán dǎo) strike

退八股（飞碟球出手后往右移动）　tuì bā gǔ(fēidiéqiú chūshǒu hòu wǎng yòu yídòng) /right spin

洗沟　xǐ gōu /gutter ball

一二瓶先倒　yī èr píng xiān dǎo /close

一三瓶先倒　yī sān píng xiān dǎo /pocket

由球道右边出手　yóu qiúdào yòubian chūshǒu /outside

由球道左边出手　yóu qiúdào zuǒbian chūshǒu /inside

早安鸡（一局中最前面三格连续全倒）　zǎo'ānjī(yì jú zhōng zuì qiánmiàn sān gé liánxù quán dǎo) /early turkey

直线球　zhíxiànqiú /straight ball

最后一格洗沟的球局　zuìhòu yì gé xǐgōu de qiújú / clear game

8.

田径　Tiánjìng /Track and Field

比赛场馆　bǐsài chǎngguǎn /competition gymnasiums and stadiums

比赛地点　bǐsài dìdiǎn /competition/sports venue(s)

撑杆跳高　chēnggān tiàogāo /pole jump; pole vault

第三名　dì-sān míng /third; bronze medalist

东道国　dōngdàoguó /host country/nation

公路赛　gōnglùsài /road events

观众　guānzhòng /spectator

冠军　guànjūn /champion; gold medalist

国际比赛　guójì bǐsài /international tournament

接力　jiēlì /relay

锦标赛　jǐnbiāosài /championship

径赛　jìngsài /track events

竞走　jìngzǒu /walking; walking race

跨栏比赛　kuàlán bǐsài /hurdles; hurdle race

马拉松　mǎlāsōng /marathon

马拉松（赛跑）　mǎlāsōng（sàipǎo）/Marathon（race）

男子十项全能　nánzǐ shí xiàng quánnéng /decathlon

男子项目　nánzǐ xiàngmù /men's event

女子七项全能　nǚzǐ qī xiàng quánnéng /heptathlon

女子项目　nǚzǐ xiàngmù /women's event

全国运动会　quánguó yùndònghuì /National Games

全能冠军　quánnéng guànjūn /all-round champion

三级跳　sānjítiào /triple jump; hop, step and jump;

世界大学生运动会　shìjiè dàxuéshēng yùndònghuì /
World University Games; Uni-
versiade

世界纪录保持者　shìjiè jìlù bǎochízhě /world-record
holder

体育场　tǐyùchǎng /stadium; sports field/ground

体育馆　tǐyùguǎn /gymnasium, gym; indoor stadium

田赛　tiánsài /field events

跳高　tiàogāo /high jump

跳远　tiàoyuǎn /long jump

跳跃　tiàoyuè /jumping

投标枪　tóu biāoqiāng /javelin

投掷　tóuzhì /throwing

推铅球　tuīqiānqiú /shot put

亚军　yàjūn /second; silver medalist

邀请赛　yāoqǐngsài /invitational tournament

运动员　yùndòngyuán /athlete, sportsman

障碍赛　zhàng'àisài /steeplechase

掷链球　zhì liànqiú /hammer; weight throw

掷铁饼　zhì tiěbǐng /discus

9.

游泳　Yóuyǒng /Swimming

10 米跳台　shí mǐ tiàotái /ten-meter platform

3 米跳板　sān mǐ tiàobǎn /three-meter springboard

比基尼乳罩　bǐjīní rǔzhào /bikini top

比基尼式泳裤　bǐjīníshì yǒngkù /bikini bottom

比基尼泳衣　bǐjīní yǒngyī /bikini

踩水　cǎishuǐ /treading water

侧泳　cèyǒng /side stroke

冲浪　chōnglàng /surfing

冲浪板　chōnglàngbǎn /surfboard

出发起跳　chūfā qǐtiào /starting dive

出发台　chūfātái /starting block

蝶泳　diéyǒng /butterfly stroke

个人混合泳　gèrén hùnhéyǒng /individual medley

更衣室　gēngyīshì /changing room

海豚式蝶泳　hǎitúnshì diéyǒng /dolphin butterfly
　　　　　　stroke

滑水　huáshuǐ /water skiing

混合泳接力　hùnhéyǒng jiēlì /medley relay

计时员　jì shíyuán /timekeeper

救生圈　jiùshēngquān /life ring

救生员　jiùshēngyuán /lifesaver，lifeguard

淋浴　línyù /shower

陆上练习　lù shang liànxí /land drill

爬泳　páyǒng /crawl stroke

潜水　qiánshuǐ /scuba diving

潜泳　qiányǒng /underwater swimming

浅水池　qiǎnshuǐchí /non-swimmer's pool

人工海浪　réngōng hǎilaàng /artificial waves
人工海浪泳池　réngōng hǎilàng yǒngchí /swimming pool with artificial waves
深水池　shēnshuǐchí /swimmer's pool
水球　shuǐqiú /water polo
水上芭蕾　shuǐ shàng bālěi /synchronized swimming
水线　shuǐxiàn /rope with cork floats
跳水　tiàoshuǐ /diving
跳台　tiàotái /diving platform
蛙泳　wāyǒng /breaststroke
仰泳　yángyǒng /back stroke
泳道　yǒngdào /swimming lane
泳镜　yǒngjìng /goggles
泳裤　yǒngkù /swimming trunks
泳帽　yǒngmào /swimming cap
泳衣　yǒngyī /swimsuit, swimming suit
游泳池　yóuyǒngchí /swimming pool
终点触线　zhōngdiǎn chù xiàn /touching the finishing line
自由泳　zìyóuyǒng /freestyle
自由泳接力　zìyóuyǒng jiēlì /freestyle relay

10.

体操　Tǐcāo /Gymnastics
鞍马　ānmǎ /pommel horse
蹦床　bèngchuáng /bounding table; gymnastics trampoline
侧空翻　cèkóngfān /side airspring
单杠　dāngàng /horizontal bar

垫上运动　diànshàng yùndòng /mat exercises
吊环　diàohuán /rings; hand ring
高低杠　gāodīgàng /uneven bars; high-low bars
高杠　gāogàng /high bar
规定动作　guīdìng dòngzuò /required routine
横杠　hénggàng /bar
技巧运动　jìqiǎo yùndòng /acrobatic gymnastics
肩倒立　jiāndàolì /shoulder stand
竞技体操　jìngjì tǐcāo /artistic gymnastics
平衡木　pínghéngmù /balance beam
屈体跳　qūtǐtiào /piked jump
山羊　shānyáng /buck; goat
双杠　shuānggàng /parallel bars
体操　tǐcāo /gymnastics
体操凳　tǐcāodèng /gym bench
跳马　tiàomǎ /vaulting horse
艺术体操　yìshù tǐcāo /rhythmic gymnastics
自由体操　zìyóu tǐcāo /free exercises; floor exercise
足尖跑　zújiānpǎo /running on toes

11.

举重　Jǔzhòng /Weightlifting
背后直臂上举　bèihòu zhíbì shàngjǔ /arm extension
镀铬哑铃　dùluò yǎlíng /chrome dumbell
腹部运动　fùbù yùndòng /abdominal exercise
腹肌练习器　fùjī liànxíqì /abdominal conditioner
腹围(腰身)　fùwéi (yāo shēn) /abdominal girth
杠铃　gànglíng /barbell
踝部加重袋　huáibù jiāzhòngdài /ankle weight

踝扎　huáizhā /ankle strap

活动斜板　huódòng xiébǎn /adjustable slant board

加重　jiāzhòng /add weight to the bar

交替练习法　tiāotì liànxífǎ /alternate set system

举重　jǔzhòng /weightlifting

举重服　jǔzhòngfú /weightlifting suit

举重手套　jǔzhòng shǒutào /weightlifting glove

举重鞋　jǔzhòngxié /weightlifting shoe

可调式头带　kětiáoshì tóudài /adjustable headstrap

拉力器　lālìqì /wall pulley

美国式　Měiguóshì /American style

普通正反握　pǔtōng zhèngfǎnwò /alternate

屈臂练习凳　qū bì liànxídèng /arm curl bench

挺举　tǐngjǔ /clean and jerk

(哑铃)交替推　(yǎlíng) jiāotìtuī /alternate press

仰卧起坐　yǎngwò qǐzuò /abdominal curl

仰卧起坐板　yǎngwò qǐzuò bǎn /abdominal boards

腰带　yāodài /weightlifting belt

正反握　zhèngfǎnwò /alternate grip

直立提肘　zhílì tízhǒu /abductor lift

抓举　zhuājǔ /snatch

自选动作　zìxuǎn dòngzuò /free exercise

走向杠铃　zǒuxiàng gànglíng /face the bar

组合哑铃　zǔhé yǎlíng /dumb-bell sets

12.

滑雪　Huáxuě /Skiing

单板滑雪　dānbǎn huáxuě /snowboard

短跑道速度滑冰　duǎnpǎodào sùdù huábīng /short

track speed skating

俯式冰橇　fǔshì bīngqiāo /skeleton

高山滑雪　gāoshān huáxuě /alpine skiing

滑雪　huáxuě /skiing

滑雪板　huáxuěbǎn /ski

花样滑冰　huāngyàng huábīng /figure skating

速度滑冰　sùdù huábīng /speed skating

速降滑雪赛（滑降）　sùjiàng huáxuěsài（sùjiàng）/
downhill race

跳台滑雪　tiàotái huáxuě /ski jumping

无舵雪橇　wúduò xuěqiāo /luge

雪橇　xuěqiāo /bobsleigh，bobsled

越野滑雪　yuèyě huáxuě /cross-country skiing

障碍滑雪　zhàng'ài huáxuě /slalom

13.

武术　Wǔshù /Martial Arts

摆拳　bǎiquán /fist extension

匕首　bìshǒu /dagger

步法　bùfǎ /footwork

叉　chā /fork

穿掌　chuānzhǎng /bring the palm in

刀　dā /broadsword

独立步　dúlìbù /stand on one leg

盾　dùn /shield

飞功　fēigōng /chikung

弓步　gōngbù /bow stance

钩　gōu /hook

棍　gùn /cudgel

后压腿　hòu yātuǐ /hamstring stretch

架拳　jià quán /close fist

剑　jiàn /rapier；sword

撩拳　liāo quán /pull back

马步　mǎbù /horse-riding stance

仆步压腿　pū bù yā tuǐ /quadricep stretch

麒麟步　qílínbù /kylin stance

拳法　quánfǎ /fist position

散打　sǎndǎ /free combat

双剑　shuāngjiàn /double swords

太极拳　tàijíquán /Taijiquan；shadow boxing

武术　wǔshù /martial arts

虚步　xūbù /empty stance

14.

健身　Jiànshēn/body-buiding

臂部屈伸器　bìbù qūshēnqì /arm stretching appliance

单项练习器　dānxiàng liànxíqì /single item exercise appliance

腹肌训练器　fùjī xùnliànqì /abdomen training appliance

划船机　huáchuánjī /rowing machine

健身单车　jiànshēn dānchē /fitness bike

健身器材　jiànshēn qìcái /body-building equipment

拉力器　lālìqì /pulling machine

跑步机　pǎobùjī /running machine

台阶训练　táijiē xùnliàn /stair-training

腿部屈伸器　tuǐbù qūshēnqì /leg stretching appliance

无氧运动器械　wúyǎng yùndòng qìxiè /anaerobic exercise equipment

下拉练习器　xiàlā liànxíqì /pulling exercise appliance

哑铃　yǎlíng /dumbbell

仰卧起坐　yǎngwò qǐzuò /sit-up

有氧运动器械　yǒuyǎng yùndòng qìxiè /aerobic exercise machines

综合练习器　zōnghé liànxíqì /integrated exercise appliance

附录三
Appendix Ⅲ
词汇表
Vocabulary List

A

阿根廷	Āgēntíng /Argentina
鞍马	ānmǎ /pommel horse
按照	ànzhào /according to
奥运会	Àoyùnhuì /Olympic Games
奥运迷	Àoyùnmí /Olympic fanatics（fan）

B

八卦掌	bāguàzhǎng /eight-diagram boxing
巴西	Bāxī /Brazil
白搭	bái dā /no good；no use
白玩儿	báiwánr /easy to do；not difficult；not hard
百米	bǎimǐ /100-meter
扳回一局	bānhuí yì jú /win back a game
扳平	bānpíng /equalize the score
班	bān /class
办卡	bànkǎ /apply for a card
半场	bànchǎng /half court
包括	bāokuà /include，consist
保持	bǎochí /keep
保护	bǎohù /protect，safeguard，secure，back up
保龄球	bǎolíngqiú /bowling
保龄球馆	bǎolíngqiú guǎn /bowling alley
爆发力	bàofālì /explosive force

背传	bèichuán /back pass
背后	bèihòu /backside
倍儿棒	bèirbàng /terrific
被动	bèidòng /passive
被淘汰	bèi táotài /be washed out
本来	běnlái /originally; to begin with
本领	běnlǐng /ability, skill
比	bǐ /compare to
比分	bǐfēn /score
比较	bǐjiào /comparatively, relatively
比赛	bǐsài /game, match, competition
比赛规则	bǐsài guīzé /competition rules
比赛项目	bǐsài xiàngmù/competitive event
比试	bǐshì /have a competition
必须	bìxū /must
闭幕式	bìmùshì /closing ceremony
臂力	bìlì /arm strength
变化	biànhuà /vary, change
变线	biànxiàn /change direction
标枪	biāoqiāng /javelin
标准	biāozhǔn /standard
表现	biǎoxiàn /represent, display
别的	biéde /else
别提	biétí /let alone
别忘了	bié wàng le /don't forget
补中	bǔ zhòng /spare
不错	búcuò /not bad
不懂	bùdǒng /not understand
不断	búduàn /continuously
不服气	bù fúqì /not be convinced

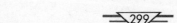

不敢	bùgǎn /dare not
不过	búguò /but then
不好意思	bù hǎoyìsi /excuse me，sorry
不愧	búkuì /prove to be，be worthy of
不利索	bú lìsuo /not agile or flexible
不灵	bùlíng /awkward
不瞒	bùmǎn /not conceal secret from, not hide the truth from
不难	bùnán /not difficult，not hard
不容易	bùróngyi /not easy
不如	bùrú /not as good as
不同	bùtóng /different
不相上下	bù xiāng shàng xià /all square
步法	bùfǎ /footwork
部分	bùfen /part，portion

C

擦边球	cābiānqiú /edge ball
擦网	cāwǎng /let
裁判	cáipàn /referee
采用	cǎiyòng /adopt，use
参观	cānguān /visit
参加	cānjiā /join，participate，attend
参赛	cānsài /take part in a match
餐馆	cānguǎn /restaurant
操场上	cāochǎng shang /playground
侧过来	cè guòlái /slant
侧手翻	cèshǒufān /cartwheel
侧旋球	cèxuánqiú /sidespin
测试	cèshì /test

差一点儿	chà yìdiǎnr /all but; by a finger's breadth
长短球结合	chángduǎnqiú jiéhé/combination of long and short balls
长拳	chángquán /long boxing
尝尝	chángchang /taste
场地	chǎngdì /court, field
超出	chāochū /overstep, go beyond
称	chēng /weigh
成功	chénggōng /succeed
成绩	chéngjì /score, result, achievement
吃球	chīqiú /fail to return
吃完饭	chīwán fàn /after meal
吃晚饭	chī wǎnfàn /have dinner
吃转	chī zhuàn /miss
充满	chōngmǎn /full of
冲	chōng /toward; to; for
冲撞犯规	chōngzhuàng fànguī /bump foul
重新	chóngxīn /over again
重阳节	chóngyángjié /double ninth festival
崇拜的	chóngbài de /adore
抽	chōu /slap
抽球	chōuqiú /drive, smash
抽杀	chōushā /drive, smash
臭球	chòuqiú /bad ball
出场	chūchǎng /come out in the court
出界	chūjiè /out; outside
出色	chūsè /outstanding; fineness
初级道	chūjídào /beginners level lane
穿	chuān /wear
传给	chuángěi /pass to

传球	chuánqiú /pass the ball
传球失误	chuánqiú shīwù /miss a pass
传中	chuánzhōng /pass to the center
吹牛	chuīniú /boast; talk big
戳	chuō /sprain
次	cì /time
凑份子	còu fènzi /join, add trouble
催	cuī /urge
搓球	cuōqiú /chop, spin; twist

D

打	dǎ /play
打败	dǎbài /beat, defeat
打保龄球	dǎ bǎolíngqiú /play bowling
打比赛	dǎ bǐsài /play a game
打倒	dǎdǎo /hit over
打得好	dǎ de hǎo /play well
打门	dǎmén /shoot
打平	dǎpíng /end in a draw
打破	dǎpò /break
打球	dǎqiú /play a ball
打手出界	dǎshǒu chūjiè /touch hand out
打水	dǎshuǐ /paddle
打死	dǎsǐ /kill
打算	dǎsuàn /intend, be going to
打网球	dǎ wǎngqiú /play tennis
打羽毛球	dǎ yǔmáoqiú /play badminton
打招呼	dǎ zhāohu /greet sb.
大比分	dà bǐ fēn /high score
大刀	dàdāo /broadsword

大多	dàduō /most; mostly
大个	dàgè /big (tall) guy
大力士	dà lìshi /Hercules; strong man
大陆	dàlù /mainland China
大路	dàlù /broadway
大事	dàshì /great event
大腕明星	dàwàn míngxīng /big celebrity; famous star
大型歌舞表演	dàxíng gēwǔ biǎoyǎn /large-size entertainment show
大学	dàxué /college, university
大学生	dàxuéshēng /college student
大战	dàzhàn /great battle
代表	dàibiǎo /represent
带	dài /take
带到	dàidào /bring to, take to
带劲	dàijìn /interesting
带球	dàiqiú /dribble
带球过人	dàiqiú guòrén /dribble past
丹麦	Dānmài /Denmark
单板	dānbǎn /snowboard
单打	dāndǎ /single
单杠	dāngàng /horizontal bar
胆	dǎn /gallbladder
胆量	dǎnliàng /guts; courage
胆子	dǎnzi /guts, courage
当	dāng /be, act as
倒立	dàolì /handstand
到目前为止	dào mùqián wéizhǐ /up to now, so far
到时候	dào shíhou /by the time
到头	dàotóu /in the end

得分	dé fēn /score; basket
得分	défēn /score; point
得主	dézhǔ /winner
德国	Déguó /Germany
得	děi /have to
的确	díquè /certainly, really
登山	dēngshān /mountain climbing
等	děng /wait
等不及	děngbují /can't wait
低	dī /low, inferior
地方	dìfang /place
地利	dìlì /advantageous terrain
地球	dìqiú /earth
第三节	dì-sān jié /the third period
点火炬	diǎn huǒjù /ignite torch
点球	diǎnqiú /penalty shoot-out; penalty kick
电视	diànshì /television
电影	diànyǐng /film; movie
垫球	diànqiú /dig the ball
垫子	diànzi /cushion
奠定	diàndìng /lay
吊高球	diào gāoqiú /lob
吊环	diàohuán /rings
调整	tiáozhěng /adjust
掉下来	diào xiàlái /fall down
盯住	dīngzhù /gaze at, stare at
顶过去	dǐng guòqù /go through
订票	dìngpiào /book a ticket
定	dìng /settle
丢人	diūrén /lose face; shame; embarrassed

冬奥会	Dōng Ào huì /Winter Games
冬天	dōngtiān /winter
动作	dòngzuò /action; motion; movement
动作缓慢	dòngzuò huǎnmàn /slow in movement
陡	dǒu /steep
独立步	dúlìbù /single leg stance
短平快	duǎn pīng kuài /quick-B, quick spike from flat short set
断球	duàn qiú /steal
锻炼身体	duànliàn shēntǐ /do exercise; take exercise
队	duì /team
队长	duìzhǎng /header, team leader
对方	duìfāng /the other side, opponent
对付	duìfu /deal with
对手	duìshǒu /opponent
吨位	dūnwèi /weight
多	duō /more; much
多久	duōjiǔ /how long
多数	duōshù /most of; majority; mostly
夺得	duódé /take, win, steal
夺回	duóhuí /gain back
夺金	duó jìn /seize the gold medal

E

二传手	èrchuánshǒu /setter, tosser

F

发达	fādá /developed
发福	fāfú /grow stout, grow fat, put on weight

发明	fāmíng /invent
发胖	fāpàng /gain weight
发球	fāqiú /serve
发球人	fāqiúrén /server
发球失误	fāqiú shīwù /fail in serving
发球占先	fāqiú zhànxiān /advantage
发生	fāshēng /happen
发现	fāxiàn /discover；find
罚球	fáqiú /foul shot，free shot
罚球线	fáqiúxiàn /foul line
罚下	fáxià /be penalized off，sent off
翻	fān /turn
翻跟头	fān gēntou /turn a somersault
翻盘	fānpán /turn over the game
翻转	fānzhuǎn /somersault；turn
反超	fǎnchāo /turn over to exceed
反手	fǎnshǒu /backhand
反手球	fǎnshǒuqiú /backhand strike
反正	fǎnzhèng /anyway
犯规	fànguī /foul
防守	fángshǒu /defense
防守不到位	fángshǒu bú dào wèi /empty defense
房子	fángzi /house
放	fàng /put
放大的	fàngdà de /enlarged
放花	fànghuā /set off fireworks
飞碟球	fēidiéqiú /spinner
肥	féi /fat
费力	fèilì /strenuous
费用	fèiyòng /fee，cost，charge

分	fēn /divide
分工	fēngōng /divide the work
分瓶	fēnpíng /split
分数	fēnshù /point; mark
分钟	fēnzhōng /minute
粉丝	fěnsī /fan
风度	fēngdù /air; style
风景	fēngjǐng /view, scenery
否则	fǒuzé /otherwise
服	fú /convince
浮标	fúbiāo /buoy
浮力	fúlì /buoyant force
复杂的	fùzá de /complicated
腹肌	fùjī /abdominal muscles

G

改	gǎi /change
盖掉	gǎidiào /block a shot
干脆	gāncuì /without further ado, neck and crop
赶紧	gǎnjǐn /hurry, rush
感觉	gǎnjué /feel
感谢	gǎnxiè /appreciate, thank, acknowledge
感兴趣	gǎn xìngqù /be interested in
港台	Gǎng Tái /Hong Kong and Taiwan
杠铃	gàng líng /barbell
高	gāo /high, tall
高低杠	gāodīgàng /uneven bars
搞到	gǎodào /get
搞晕	gǎoyūn /make sb. confused

告诉	gàosu /tell
哥几个	gē jǐ gè /two or three brothers
胳膊	gēbo /arm
各	gè /each; every
各有利弊	gèyǒu lìbì /each has advantages and disadvantages
各种各样的	gè zhǒng gè yàng de /various kinds of
跟人学	gēn rén xué /learn from sb.
更大	gèng dà /bigger; stronger
更精彩	gèng jīngcǎi /more magnificent/interesting
工作	gōngzuò /work
弓步	gōngbù /bow stance
公斤	gōngjīn /kilogram; kg.
公平	gōngpíng /fair
公司	gōngsī /company
功夫片	gōngfupiàn /Kungfu movie
攻防结合	gōng fáng jiéhé /combination of attack and defense
攻球手	gōngqiúshǒu /attacker, spiker
估计	gūjì /estimate
古老	gǔlǎo /old, ancient
骨折	gǔzhé /fracture
关键	guānjiàn /crucial
规范	guīfàn /normalize, standardize
贵	guì /expensive
滚网	gǔn wǎng /net
棍	gùn /cudgel
国家队	guójiāduì /national team
国庆节	guóqìngjié /national day
过程	guòchéng /process

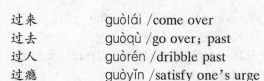

过来	guòlái /come over
过去	guòqù /go over; past
过人	guòrén /dribble past
过瘾	guòyǐn /satisfy one's urge

H

孩子	háizi /child
海水	hǎishuǐ /seawater
海滩	hǎitān /beach
海洋生物	hǎiyáng shēngwù /sea creatures
害怕	hàipà /scare; afraid
韩国	Hánguó /South Korea
好久	hǎojiǔ /long time
好久不见	hǎojiǔ bú jiàn /long time no see
好球	hǎoqiú /good shot
好戏	hǎoxì /good play
好像	hǎoxiàng /as if; seem
号	hào /size
喝	hē /drink
喝啤酒	hē píjiǔ /drink beer
核心	héxīn /core
荷兰队	Hélánduì /the Dutch team
黑马	hēimǎ /dark horse
黑人	hēirén /black people
很多种	hěnduō zhǒng /a lot of kinds
很快	hěnkuài /soon, quickly
很重要	hěn zhòngyào /very important
狠	hěn /hard, fierce
恨	hèn /hate
横拍	héngpāi /shake-hand bat

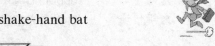

横向	héngxiàng/cross direction
红牌	hóngpái /red card
后排攻	hòupáigōng /back line offence /back row attack
后卫	hòuwèi /back；guard
后压腿	hòu yātuǐ /hamstring stretch
呼气	hū qì /breathe
忽然	hūrán /suddenly
弧圈球	húquānqiú /loop drive
滑翔	huáxiáng /fly；glide
滑雪	huáxuě /ski
滑雪场	huáxuěchǎng /skiing ground
划船机	huáchuánjī /rowing machine
话题	huàtí /topic
欢迎	huānyíng /welcome
换	huàn /change
换气	huànqì /breathe
换人	huànrén /change people；substitution
换鞋	huànxié /change shoes
晃眼	huǎngyǎn /dazzling eyes
挥拍	huīpāi /swing
回合	huíhé /rally
回来	huílái /return；come back
回球	huíqiú /return
回头	huítóu /later
会员	huìyuán /member
混合双打	hùnhé shuāngdǎ /mixed doubles
活动	huódòng /activity
活动量	huódòngliàng /range of movement
火炬传递	huǒjù chuándì /torch relay

J

几乎	jīhū /almost; nearly
击败	jībài /beat
击球	jīqiú /smash (hit) the ball
机场	jīchǎng /airport
机会	jīhuì /chance; opportunity
肌肉	jīròu /muscle
基本	jīběn /basic; basically
基本动作	jīběn dòngzuò /basic action
基本功	jīběngōng /basic skill
基础	jīchǔ /foundation
吉祥物	jíxiángwù /mascot
级别	jíbié /level
急茬儿	jíchár /quick-tempered; urgent task
急停	jí tíng /quick stop
几个人	jǐ gè rén /several people
记得	jìde /remember
系	jì /fasten, tie, wear
技巧	jìqiǎo /technique, skill
技术	jìshù /technique, skill
技战术方面	jì-zhànshù fāngmiàn /in technique and strategy field
季卡	jìkǎ /three-month card
继续	jìxù /keep going
加快	jiākuài /accelerate, speed
加上	jiāshàng /plus
加时赛	jiāshísài /extra-time; overtime
加油	jiāyóu /cheer; make an extra effort; go
家	jiā /home
家伙	jiāhuo /fellow, guy

坚持	jiānchí /carry on, stick to, insist on
坚持到底	jiānchí dàodǐ /stick it out
拣球	jiǎnqiú /pick up balls
简单	jiǎndān /simple, easy
健美操	jiànměicāo /aerobics, body-building exercises
健美教练	jiànměi jiàoliàn /fitness trainer
健身	jiànshēn /health and fitness
健身单车	jiànshēn dānchē /fitness bike
健身房	jiànshēnfáng /gym, gymnasium
交替	jiāotì /take turns in, alternate
郊区	jiāoqū /suburb
角球	jiǎoqiú /corner kick
脚	jiǎo /foot
脚蹼	jiǎopǔ /flipper
脚腕	jiǎowàn /ankle
叫板	jiàobǎn /challenge
叫法	jiàofǎ /name
教	jiào /teach
教练	jiàoliàn /coach, instructor, trainer
结实	jiēshi /burly, healthy
接	jiē /receive
接发球	jiē-fāqiú /return of service
接力	jiēlì /relay
接球占先	jiē qiú zhàn xiān /advantage serve
节奏	jiézòu /timing; rhythm
结束	jiéshù /be over; finish; end
介绍	jièshào /introduce; introduction
届	jiè /session
界内	jiènèi /in

界外球	jièwàiqiú /foul ball
今天	jīntiān /today
金牌	jīnpái /gold medal
紧张	jǐnzhāng /nervous, tense
尽管问	jǐnguǎn wèn/ask as much as you like
近台快攻	jìntái kuàigōng /short court half volley
进步	jìnbù /make progress
进攻	jìngōng /attack
禁区	jìnqū /penalty area
经常	jīngcháng /often, frequently
精彩	jīngcǎi /exciting, amazing
精神	jīngshén /spirit
景色	jǐngsè /scene, view
净胜	jìngshèng /net win
径赛	jìngsài /track events
酒吧	jiǔbā /bar
救生圈	jiùshēngquān /life ring
就要	jiù yào /be about to
就要到了	jiù yào dào le /approaching, coming
局	jú /set
局数	júshù /number of game
举过	jǔguo /raise up; lift over
举行	jǔxíng /hold
举重	jǔzhòng /weightlift; weightlifting
巨大的	jùdà de /huge
具体的	jùtǐ de /detailed; specific
距离	jùlí /distance
聚焦	jùjiāo /focus
决定	juédìng /decide
决赛	juésài /final

决胜局	juéshèngjú /the final game; tie break
绝了	jué le /superb, unique
觉得	juéde /feel, think

K

咖啡	kāfēi /coffee
开局	kāijú /beginning of a game
开幕式	kāimùshì /opening ceremony
开球道	kāiqiúdào /open lane
开始	kāishǐ /begin, start
开展	kāizhǎn /develop, hold
看住	kānzhù /guard
看	kàn /watch, look, see
看比赛	kàn bǐsài /watch game
看不见	kàn bu jiàn /unable to see
看到	kàndào /see
看好	kànhǎo /expect sb. /sth. to win
看来	kànlái /it seems; it looks as if; appear
看球	kàn qiú /watch a ball game
看台	kàntái /stand
看小说	kàn xiǎoshuō /read a novel
考	kǎo /test; give an examination
科技奥运	kējì Àoyùn/high-tech Olympics
可能	kěnéng /perhaps; maybe; be likely to
可怕	kěpà /terrible
可惜	kěxī /pity
客场	kèchǎng /road
客气	kèqi /stand on ceremony
客人	kèrén /guest
肯定	kěndìng /definite, firm, sure

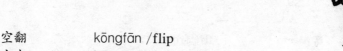

空翻	kōngfān /flip
空中	kōngzhōng /in the air
空当	kòngdāng /empty space; gap
控制	kòngzhì /control
口号	kǒuhào /slogan
扣球	kòuqiú /smash
枯燥	kūzào /boring
哭	kū /cry
垮	kuǎ /collapse
跨栏	kuàlán /hurdles; hurdle race
块儿	kuàir /size; sturdy and muscular
块头	kuàitóu /size
快	kuài /fast, quick
快攻打法	kuàigōng dǎfǎ /half volley; quick attack
快球	kuàiqiú /quick spike
快速	kuàisù /rapid, fast

L

拉出来	lā chūlái /pull out
拉底线	lā dǐxiàn /lift to the bottom line
拉吊	lā diào /lift and drop
拉弧圈球	lā húquānqiú /lift loop drive
拉伤	lā shāng /pull
篮板球	lánbǎnqiú /rebound
篮球	lánqiú /basketball
篮球队	lánqiúduì /basketball team
老皇历	lǎo huánglì /old calendar, old rule
老实地	lǎoshi de /steadily
老同学	lǎo tóngxué /old classmate
累	lèi /tired

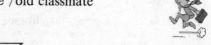

离	lí /to, from
力量	lìliàng /power, strength
厉害	lìhài /strong, heavy
立马去办	lìmǎ qù bàn /do quickly
利用	lìyòng /make use of
连	lián /even
连得	lián dé /take sth. in succession
连续失误	liánxù shīwù /continuously miss
联赛	liánsài /league match
练（习）	liàn (xí) practice
链球	liànqiú /hammer throw
凉	liáng /cool; cold
两人一组	liǎng rén yì zǔ/two in a group; in pairs
两双	liǎng shuāng /two pairs of
聊天	liáotiān /chat
了不起	liǎobuqǐ /amazing; remarkable; extraordinary
领先	lǐngxiān /in the lead; lead
令人窒息	lìngrén zhìxī /breathless; choking
另外	lìngwài /besides, in addition
遛遛	liùliu /stroll
瞜一眼	lōu yi yǎn /have a look
露两手	lòu liǎng shǒu /show off
绿色奥运	lǜsè Àoyùn/green Olympics
轮到	lúndào /turn to; turn
骡子	luózi /mule
落后	luòhòu /fall behind

M

马	mǎ /horse

马步	mǎbù /horse-riding stance
买	mǎi /buy
蛮大	mán dà /very big
瞒	mán /conceal
慢慢来	mànmàn lái /slowly, bit by bit, step by step
忙	máng /busy
没风	méi fēng /no wind; not windy
没事	méishì /have nothing to do; be free
没问题	méi wèntí /no problem
没戏	méi xì /have no hope; hopeless; impossible
没想到	méi xiǎngdào /not expected
每天	měi tiān /every day
每月	měi yuè /every month
美国	Měiguó /the United States; America
门儿清	ménrqīng /know clearly; to be sure of something
门框	ménkuàng /frame
猛	měng /strong
免得	miǎnde /in case; lest
瞄准	miáozhǔn /aim at
秒钟	miǎozhōng /second
妙	miào /wonderful
名称	míngchēng /name, title
名片	míngpiàn /business card
明星	míngxīng /star
磨擦	mócā /rub
目光	mùguāng /eyesight
目前	mùqián /at present

N

拿冠军	ná guànjūn /win the championship
拿球	ná qiú /pick up a ball，hold a ball
拿下	náxià /take off；take down；get
哪儿	nǎr /where
那边	nàbian /that side
那么	nàme /that；so
男队	nánduì /man's team
男孩儿	nánháir /boy
男子	nánzǐ /man
难	nán /hard，difficult
难不倒	nán bù dǎo /can't baffle
难怪	nánguài /no wonder
难看	nánkàn /ugly
难说	nánshuō /hard to say（tell）
你	nǐ /you
年	nián /year
年纪	niánjì /age
年卡	niánkǎ /one-year card
年轻人	niánqīngrén /young man/woman
鸟巢	niǎocháo /bird nest
弄	nòng /do；make
弄票	nòng piào /get ticket
女子	nǚzǐ /woman
暖和	nuǎnhuo /warm

O

欧洲	Ōuzhōu /Europe
偶尔	ǒu'ěr /once in a while

P

爬山	pá shān /climb mountains
怕	pà /be afraid of, scare
排球	páiqiú /volleyball
排球课	páiqiúkè /volleyball class
派到	pàidào /send, assign
盘	pán /game, match
判罚	pàn fá /judge to penalize
旁边	pángbiān /beside
抛球	pāoqiú /cast the ball
抛硬币	pāo yìngbì /toss coin
跑	pǎo /run
跑步机	pǎobùjī /running machine
跑动	pǎodòng /run
陪	péi /accompany
佩服	pèifú /admire
碰	pèng /touch
碰到	pèngdào /run into
碰上	pèngshàng /bump into, run into
劈吊	pīdiào /spike and drop
劈杀得分	pīshā défēn/score with a smash
飘	piāo /brisk; graceful
漂亮的	piàoliang de /beautiful
票	piào /ticket
乒乓球	pīngpāngqiú /table tennis
平	píng /draw; all
平分	píngfēn /deuce
平衡木	pínghéngmù /balance beam
平局	píngjú /draw
平了	píng le /equal

平时	píngshí /ordinary time
凭着	píngzhe /depend on，base on
坡	pō /slope
破坏掉	pòhuàidiào /destroy, ruin
破门	pòmén /break the goal；goal
仆步压腿	pūbù yātuǐ /couch stance press leg
扑杀成功	pūshā chénggōng /smash succeed

Q

其中	qízhōng /among；in which
麒麟步	qílínbù /kylin stance
起码	qǐmǎ /at least
起跳	qǐtiào /jump
器械	qìxiè /armed；with weapons
器械练习	qìxiè liànxí /circuit training
铅球	qiānqiú /shot
签名本	qiānmíngběn /signature book
签名留念	qiānmíng liúniàn /sign as a souvenir
前锋	qiánfēng /forward，vanguard
前滚翻	qiángǔnfān /forward roll
潜水	qiánshuǐ /diving
欠练	qiànliàn /lack exercise
呛着	qiāngzhe /be choked
枪	qiāng /spear
强	qiáng /strong
强队	qiángduì /strong team
强攻	qiáng gōng /attack by force
强项	qiáng xiàng /better item
强行	qiáng xíng /force
抢篮板	qiǎng lánbǎn /try to grab a rebound

瞧	qiáo /look
轻	qīng /light
轻吊	qīng diào /light drop
轻松	qīngsōng /easy
清楚	qīngchu /clear
请客	qǐngkè /treat
球	qiú /shuttlecock
球路	qiúlù /delivery
球门	qiúmén /goal
球拍	qiúpāi /racket
球瓶	qiúpíng /pin
球速	qiúsù /speed of shuttle flight
球台	qiútái /table
球友	qiúyǒu /(sports) friend
球员	qiúyuán /player
曲球	qūqiú /curve
取得	qǔdé /achieve
去年	qù nián /last year
全场	quánchǎng /full court; full-court
全倒	quán dǎo /strike
全国	quánguó /national
全民	quánmín /nationwide
全世界	quán shìjiè /all over the world
全中	quánzhòng /strike
拳	quán /fist; boxing

R

然后	ránhòu /then; after that
热闹	rènao /jolly
热身	rèshēn /warm up

人和　　　　　rénhé /popular support
人家　　　　　rénjiā /others
人文奥运　　　rénwén Àoyùn/humanity Olympics
人选　　　　　rénxuǎn /candidate
任何　　　　　rènhé /any
任何人　　　　rènhérén /anybody，anyone
容易　　　　　róngyì /easy
柔道　　　　　róudào /judo
柔美　　　　　róuměi /gentle and beautiful
如果　　　　　rúguǒ /if
入场式　　　　rùchǎngshì /entrance ceremony
入门　　　　　rùmén /cross the threshold
瑞典　　　　　Ruìdiǎn /Sweden
若　　　　　　ruò /if

S

塞黑　　　　　Sài Hēi /Serbia and Montenegro
赛点　　　　　sàidiǎn /game ball
三级跳　　　　sān jí tiào /hop, step and jump；triple
　　　　　　　jump
杀　　　　　　shā /kill
杀出来　　　　shā chūlái /fight out
杀球成功　　　shā qiú chénggōng /spike score
晒　　　　　　shài /bask；sunny
山顶　　　　　shāndǐng /mountaintop；peak
珊瑚　　　　　shānhú /coral
商店　　　　　shāngdiàn /store；shop
上（下半场）　shàng (xià) bàn chǎng /first (second)
　　　　　　　half court
上班　　　　　shàngbān /go to work；on duty

上场的	shàngchǎng de /on the field
上次	shàng cì /last time
上发球	shàng fāqiú /overhand serve
上届	shàng jiè /last session of games
上篮	shàng lán /lay up
上身	shàngshēn /upper body
上岁数	shàng suìshù /get old
上体育课	shàng tǐyùkè /have physical training class
上旋球	shàng xuán qiú /topspin
上一场	shàng yi chǎng /last（game，match）
上游泳课	shàng yóuyǒngkè /have a swimming class
勺子点球	sháozǐdiǎnqiú/scoop penalty kick
少	shǎo /few，less，little
少见	shǎojiàn /rarely seen，seldom seen
射门	shè mén /shoot
身材	shēncái /stature，figure
身体	shēntǐ /body
生活	shēnghuó /life
生日	shēngrì /birthday
省力	shěnglì /save energy
胜负	shèngfù /victory or defeat；win or lose
胜局	shèngjú /win the game
胜利	shènglì /victory；win
胜一局	shèng yì jú /win one game
剩	shèng /left
失败	shībài /fail
失误	shīwù /fail；turnover；turn over
施工现场	shīgōng xiànchǎng /construction site
十字支撑	shí zì zhīchēng /cross support
时差	shíchā /jet lag

时间	shíjiān /time
实话	shíhuà /truth
实力	shílì /strength，ability
实用	shíyòng /practical
食堂	shítáng /canteen
世界杯	shìjièbēi /World Cup
世界冠军	shìjiè guànjūn /World Champion
世界记录	shìjiè jìlù /world record
世界明星	shìjiè míngxīng /world star
示范	shìfàn /demonstrate
势头	shìtóu /impetus，trend
试举	shìjǔ /trial lift
试试	shìshi /try
拭目以待	shìmùyǐdài /wait and see
适合	shìhé /fit, suit
手	shǒu /hand
手球	shǒuqiú /handball
手生	shǒushēng /lack practice and skill
手下留情	shǒuxià liúqíng /hold one's hand
手指	shǒuzhǐ /finger
守门员	shǒuményuán /goalie，goalkeeper
首局	shǒujú /first game
受伤	shòushāng /be injured, be wounded
受影响	shòu yǐngxiǎng /be influenced，affect
输	shū /lose
属于	shǔyú /belong to
树	shù /tree
摔跤	shuāijiāo /fall；stumble
帅	shuài /handsome
帅哥	shuàigē /handsome young man

双板	shuāng bǎn /two skies
双打	shuāngdǎ /double
双方	shuāngfāng /both side
双杠	shuānggàng /parallel bars
双人拦网	shuāngrén lánwǎng /double block
谁	shuí /who
水平	shuǐpíng /level
水下	shuǐxià /underwater
顺利	shùnlì /successful; successfully
说	shuō /say
说不定	shuōbudìng /perhaps, maybe, possibly
送	sòng /send
俗话	súhuà /common saying; proverb
速度	sùdù /speed
随你	suí nǐ /up to you
随身	suí shēn /take with
随时	suíshí /anytime; at any moment
锁定	suǒdìng /lock up; settle

T

他们的	tāmen de /their; theirs
台湾	Táiwān /Taiwan
抬头	táitóu /raise one's head
跆拳道	táiquándào /tae kwon do
太极剑	tàijíjiàn /Taiji sword
太极拳	tàijíquàn /Taijiquan; shadow boxing
太乱	tài luàn /too confused or disorderly
太强	tài qiáng /too strong
太容易	tài róngyi /too easy
太阳	tàiyáng /sun

谈论	tánlùn /talk about
弹	tán /bounce
弹出来	tán chūlái /bounce out
弹跳力	tántiàolì /bouncing capacity
躺椅	tǎngyǐ /reclining chair
淘汰	táotài /wash out, eliminate
特别	tèbié /especially
疼	téng /pain
踢	tī /kick
提高	tígāo /improve, advance
提拉球	tílāqiú /lift drive
体操	tǐcāo /gymnastics
体现	tǐxiàn /reflect
体形	tǐxíng /figure, shape
体型	tǐxíng /shape, build
体育	tǐyù /physical education（PE）
体育用品	tǐyù yòngpǐn /sports goods（equipment）
体重	tǐzhòng /（body）weight
剃光头	tì guāngtóu /shave clearly; crushing defeat
天气	tiānqì /weather
天时	tiānshí /opportune time
田径	tiánjìng /track and field
田赛	tiánsài /field events
挑高球	tiǎo gāo qiú /lift
跳发球	tiào fāqiú /jump serve
跳高	tiàogāo /high jump
跳马	tiàomǎ /vaulting horse
跳水	tiàoshuǐ /dive
跳台滑雪	tiàotái huáxuě /ski jump

跳投	tiào tóu /jump and shoot; jump shot
跳远	tiàoyuǎn /long jump
跳跃	tiàoyuè /jump
铁饼	tiěbǐng /discus
铁杆的	tiěgǎn de /firm, stubborn, inveterate, out-and-out, die-hard
铁杆球迷	tiěgǎn qiúmí /faithful football fan
听	tīng /listen to
听说	tīngshuō /hear; hear about (of)
挺举	tǐngjǔ /clean and jerk
同感	tónggǎn /have the same feeling
同事	tóngshì /colleague
同意	tóngyì /agree
痛	tòng /pain; painful
头等	tóuděng /crucial
头顶	tóudǐng /head; overhead; top of head
头球	tóuqiú /head the ball; heading
投篮	tóulán /shoot
投掷	tóuzhì /throwing
投中	shóuzhòng /make a shot
突破	tūpò /break through; breakthrough
图	tú /intend
徒手	túshǒu /unarmed, bare-handed
吐出来	tǔ chūlái /vomit, spit out
吐气	tǔqì /aspirate
推挡	tuīdǎng /push
推球	tuīqiú /push
腿	tuǐ /leg
腿脚	tuǐjiǎo /leg and foot
托出	tuōchū /hold out

托朋友	tuō péngyou /ask friend to help ...
托球	tuō qiú /set the ball

W

蛙泳	wāyǒng /breaststroke
袜子	wàzi /sock
歪	wāi /slanting
崴脚	wǎijiǎo /sprain one's foot
外国的	wàiguó de /foreign
外线	wàixiàn /exterior line
外语	wàiyǔ /foreign language
玩儿	wánr /play
晚上	wǎn shang /evening
王者	wángzhě /lord; king
网前扑击	wǎngqián pū jī /smash before net
网球	wǎngqiú /net; tennis
网球场	wǎngqiúchǎng /tennis court
往下	wǎng xià /down
忘了	wàng le /have forgotten
危险	wēixiǎn /dangerous
伪球迷	wěi qiúmí /fake football fan
未来的	wèilái de /future
位置	wèizhì /position
我	wǒ /I
乌克兰	Wūkèlán /Ukraine
乌龙球	wūlóngqiú /own goal
无论	wúlùn /no matter
无所谓	wúsuǒwèi /it doesn't matter
五局三胜	wǔ jú sān shèng /best out of five games

午饭	wǔfàn /lunch
武术	wǔshù /martial arts
舞蹈	wǔdǎo /dance; dancing

X

希腊	Xīlà /Greece
希望	xīwàng /hope
习惯	xíguàn /be used to; accustomed to
洗沟	xǐgōu /gutter ball
喜欢	xǐhuan /like
戏剧性	xìjùxìng /dramatic
下次	xià cì /next time
下蹲举	xià dūnjǔ /squat raise
下发球	xià fāqiú /underarm (underhand) serve
下海	xiàhǎi /go to sea
下课	xiàkè /finish class; class is over
下来	xiàlái /come down; get down; off
下山	xiàshān /go down hill
下网	xiàwǎng /hit the net; net fall
下旋球	xià xuán qiú /underspin; backspin
先	xiān /first
先睹为快	xiān dǔ wéi kuài /it's a pleasure to be the first to see
闲聊	xiánliáo /chat
嫌弃	xiánqì /dislike and avoid
显得	xiǎnde /look
现在	xiànzài /now
相当	xiāngdāng /relatively; rather
相信	xiāngxìn /believe
香山	Xiāngshān /Fragrant Hills

详细	xiángxì /detailed
向前	xiàng qián /forward
项目	xiàngmù /item
削球	xiāo qiú /chop
小菜	xiǎo cài /piece of cake
小路	xiǎo lù /path, byroad, trail
小瞧人	xiǎo qiáo rén /look down upon sb., belittle
小心	xiǎoxīn /careful
效果	xiàoguǒ /effect
效果图	xiàoguǒtú /effect picture
鞋	xié /shoe
心痒痒	xīn yǎngyang /have an itching heart; anxious to do something
欣赏	xīnshǎng /enjoy; appreciate
新星	xīnxīng /new star
信	xìn /believe
兴	xìng /permit
幸会	xìnghuì /nice to meet you
兄弟	xiōngdì /buddy; brother
胸口	xiōngkǒu /chest
休息	xiūxi /rest, take a break, have a rest
秀	xiù /show
虚步	xūbù /empty stance
需要	xūyào /need
悬	xuán /dangerous
旋转球	xuánzhuǎnqiú /spin; hook the ball
选择	xuǎnzé /choose
学	xué /learn, study
学习	xuéxí /study, learn

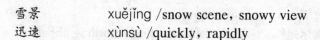

| 雪景 | xuějǐng /snow scene, snowy view |
| 迅速 | xùnsù /quickly, rapidly |

Y

压哨球	yāshàoqiú /ball at the whistle
压腿	yātuǐ /stretch
雅典	Yǎdiǎn /Athens
亚洲	Yàzhōu /Asia
掩护	yǎnhù /secure
仰卧起坐	yǎng wò qǐ zuò /sit-up
仰泳	yǎngyǒng /backstroke
样子	yàngzi /look, manner
要求	yāoqiú /ask, request
要劲	yàojìn /exert one's effort; hard, difficult
腰带	yāodài /rubber belt, belt
业余	yèyú /amateur
一般	yìbān /usually, normally
一边…一边	yìbiān…yìbiān/do sth. while doing sth else at the same time
一场空	yì chǎng kōng /in vain; fruitless
一传	yī chuán /pass; primary setter
一传到位	yī chuán dào wèi /pass to the spot
一定	yídìng /must
一对一	yī duì yī /one-to-one
一回	yì huí /once
一会儿	yíhuìr /a while; for a moment
一举两得	yìjǔliǎngdé /kill two birds with one stone
一两句	yì liǎng jù /one or two sentences
一路上	yí lù shang /on the way

一起	yìqǐ /together
一窍不通	yíqiàobùtōng /know nothing about
一言为定	yìyánwéidìng /that's settled, keep one's word
一直	yìzhí /all along, at all times
一转眼	yìzhuǎnyǎn /in a instant
移动	yídòng /move
遗憾	yíhàn /pity, regret
已经	yǐjīng /already
以前	yǐqián /before, ago
艺术美	yìshùměi /artistic beauty
意大利	Yìdàlì /Italy
意识	yìshi /sense; consciousness
意思	yìsi /interest
意外	yìwài /unexpected affair; suddenness
意外地	yìwài de /accidentlly
因为	yīnwèi /because; for
印度尼西亚	Yìndùníxīyà /Indonesia
英国	Yīngguó /Britain; British
鹰爪拳	yīngzhǎoquán /eagle boxing
赢	yíng /win
硬着头皮	yìngzhe tóupí /toughen one's scalp; force oneself to do sth. against one's will
泳镜	yǒngjìng /goggle
勇敢者	yǒnggǎnzhě /brave man, the brave
用	yòng /use
用力	yònglì /energize; pump up
优势	yōushì /advantage, predominance, dominance
悠着点儿	yōuzhe diǎnr /take one's time

尤伯杯	Yóubóbēi /the Uber Cup
尤其	yóuqí /especially
游泳	yóuyǒng /swim; swimming
游泳池	yóuyǒngchí /swimming pool
游泳馆	yóuyǒngguǎn /swimming pool
友谊	yǒuyì /friendship
有道理	·yǒu dàolǐ /have reasons; be reasonable
有看头	yǒu kàntou /be interesting, be exciting
有空	yǒukòng /have time; be free
有了	yǒu le /have a shot; hit
有戏	yǒuxì /have an opportunity (chance)
有些	yǒu xiē /some
有一拼	yǒu yì pīn /have a competition; compete
有种	yǒuzhǒng /have guts; be brave
右手	yòushǒu /right hand
右手腕	yòushǒuwàn /right wrist
鱼	yú /fish
瑜伽	yújiā /yoga
羽毛	yǔmáo /feather
羽毛球	yǔmáoqiú /badminton
遇见	yùjiàn /meet
原因	yuányīn /reason
圆梦	yuánmèng /have one's dream fulfilled or realized
远	yuǎn /far
远投	yuǎntóu /long shot
约好	yuēhǎo /make an appointment
月卡	yuèkǎ /monthly card
越来越快	yuè lái yuè kuài /faster and faster; getting

	faster
越位	yuèwèi /offside
运动	yùndòng /sport
运动会	yùndònghuì /sports meet
运动员	yùndòngyuán /athlete
运球	yùn qiú /dribble

Z

再	zài /again
暂停	zàntíng /time-out
早点儿	zǎodiǎnr/earlier
怎么	zěnme /how
怎么办	zěnme bàn /what to do
扎实	zhāshi /solid
占…优势	zhàn…yōushì /take the advantage of
站起	zhànqǐ /stand up
掌握	zhǎngwò /master
掌握平衡	zhǎngwò pínghéng /control one's balance
着急	zhāojí /worried
找	zhǎo /look for; find
找抽	zhǎo chōu /looking for being slapped
照…样子	zhào…yàngzi /take as the model
遮阳伞	zhēyángsǎn /beach umbrella
这边	zhèbian /this side
这茬儿	zhè chár /this thing/matter
这次	zhè cì /this time
这儿	zhèr /here
这回	zhè huí /this time
这里	zhèlǐ /here

这算什么	zhè suàn shénme /it's simple
这些	zhèxiē /these
真巧	zhēn qiǎo /what a coincidence!
震	zhèn /shock; cause a sensation; create a stir
正好	zhènghǎo /just right; just in time; as it happens
正手抽球	zhèngshǒu chōu qiú /forehand drive
正手直线	zhèngshǒu zhí xiàn /forehand straight
正在施工	zhèngzài shīgōng /under construction
支	zhī /measure word
支持	zhīchí /support
知道	zhīdào /know
直接	zhíjiē /directly
直拍	zhípāi /pen-hold bat
直线球	zhíxiànqiú /straight ball
只要	zhǐyào /as long as
指导	zhǐdǎo /instruct; coach
志愿者	zhìyuànzhě /volunteer
中场断球	zhōngchǎng duàn qiú /tackles in midfield
中锋	zhōngfēng /center
中国	Zhōngguó /China
中级道	zhōngjídào /intermediate level lane
中远台	zhōng yuǎn tái /middle back court
中了	zhòng le /hit, have a shot
重量	zhòngliàng /weight
重量级	zhòngliàngjí /heavyweight
周末	zhōumò /weekend
周围	zhōuwéi /around

主场	zhǔchǎng /home court
主攻	zhǔgōng /main attack
主攻手	zhǔgōngshǒu /main attacker, main spiker
主会场	zhǔhuìchǎng /main stadium
主要	zhǔyào /main, major; mainly, mostly
住	zhù /live, stay
助攻	zhùgōng /assist
注意	zhùyì /be aware of, pay attention to; notice
抓杠	zhuāgàng /grasp bar
抓紧	zhuājǐn /grasp
抓阄	zhuājiū /pick lots, flip a coin
抓举	zhuājǔ /snatch
转	zhuǎn /spin
转播	zhuǎnbō /broadcast
壮	zhuàng /strong
状态	zhuàngtài /state
撞	zhuàng /bump
追	zhuī /catch up, chase
准备	zhǔnbèi /prepare
准备活动	zhǔnbèi huódòng /warm up; warming-up
姿势	zīshì /posture, style
自己	zìjǐ /oneself
自信	zìxìn /confident; confidence
自由体操	zìyóu tǐcāo /free exercise
自由泳	zìyóuyǒng /freestyle
综合练习器	zōnghé liànxíqì /integrated exercise appliances
综合素质	zōnghé sùzhì /integrated quality
总	zōng /total

总部	zǒngbù /headquarter
总和	zǒnghé /sum, total
总是	zǒngshì /always
总算	zǒngsuàn /finally
总之	zǒngzhī /anyway
走步	zǒubù /walk
走后门	zǒu hòumén /get in by the back door; secure advantages through pull or influence; pull wires
租	zū /rent
足球	zúqiú /football
足球盲	zúqiúmáng /know nothing about football
组成	zǔchéng /compose, constitute
最多	zuìduō /the most
最好的	zuìhǎo de /the best
最后	zuìhòu /at last, finally, lastly, in the end
最近	zuìjìn /lately, recently
最喜欢	zuì xǐhuan /like the best
最早	zuì zǎo /the earliest
醉拳	zuìquán /drunk boxing
昨晚	zuówǎn /yesterday evening
作业	zuòyè /homework
作用	zuòyòng /effect
坐缆车	zuò lǎnchē /take cable car
做梦	zuòmèng /dream; daydream
做完	zuòwán /have done with; get through

练习答案
Answers

Unit 1. 答案：
1. b.　a.　b.　a.　c.
2. A1-B3　A2-B2　A3-B1　A4-B5　A5-B4

Unit 2. 答案：
1. A B C A C
2. B A C

Unit 3. 答案：
1. C A B A B
2.
　　1）我看这球
　　2）就进了
　　3）红牌
　　4）快
　　5）你是他们的

Unit 4. 答案：
1. A A C A C
2. 2）铲球　5）带球

Unit 5. 答案：
1. A A C B C
2. B C C B A

Unit 6. 答案：

1.

　　1）可就是打得不好

　　2）抽球

　　3）倍儿棒

　　4）无所谓

　　5）老皇历

2. A1-B4　　A2-B2　　A3-B5　　A4-B1　　A5-B3

Unit 7. 答案：

1.

　　1）三四　会员

　　2）不灵

　　3）多少局

　　4）扣球　过足瘾

　　5）打比赛

2.

　　打球，打排球，打网球，打篮球

　　一局，五局三胜，决胜局，我们先打三局，好吗？

　　正手抽球，打正手球，他的正手好。

　　反手不灵，我不会打反手球，打他的反手。

Unit 8. 答案：

1.

　　1）还有什么别的活动吗

　　2）知道一家保龄球馆，离这儿不远

　　3）三局就够了

　　4）哪儿有时间啊

　　5）哪种球路

2.

　　1）手生

　　2）露一手

3）常打

　　4）准备打（玩）几局

　　5）全倒（中）

Unit 9. 答案:

1.

　　2）3）5）7）

2.

　　1）相信

　　2）搞到

　　3）参赛

　　4）夺冠

　　5）白搭

3.

　　1）平

　　2）打破

　　3）创造

Unit 11. 答案:

1.

　　1）最喜欢看的体育项目之一

　　2）都喜欢　柔美　矫健

　　3）都　最基本的动作

　　4）那还能不看　紧张

　　5）翻跟头

2.

　　1）人家

2）没戏

3）失误

4）没劲

5）服

Unit 12. 答案：

1.

1）强项

2）奖牌

3）试举

4）抓举

5）挺举

Unit 13. 答案：

1.

1）适合

2）准备活动

3）利索

4）真不简单

5）掌握

2. A1-B5　A2-B3　A3-B4　A4-B2　A5-B1

Unit 14. 答案：

1.

1）有点儿累

2）打太极拳

3）长拳

4）有空

5）学过

2.

1）感兴趣
2）地道
3）客气
4）回事
5）基本动作

Unit 15. 答案:

1.

1）每天都有人来练
2）办卡　月卡
3）随时办就行
4）跑步机、划船机、健身单车
5）仰卧起坐

2. B A C A C

责任编辑：贾寅淮
英文编辑：韩芙芸　翟淑蓉
封面设计：唐少文
插　　图：宋　琪
印刷监制：佟汉冬

图书在版编目(CIP)数据

运动口语/李淑娟主编.—北京:华语教学出版社,2006
(脱口说汉语)
ISBN 978-7-80200-232-6

Ⅰ.运... Ⅱ.李... Ⅲ.汉语－口语－对外汉语教学－
教材　Ⅳ.H195.4

中国版本图书馆 CIP 数据核字(2006)第 112607 号

脱口说汉语

运动口语

主编　李淑娟

英文改稿　Michael Williams

*

ⓒ华语教学出版社

华语教学出版社出版

(中国北京百万庄路 24 号)

邮政编码 100037

电话:(86)10-68995871

传真:(86)10-68326333

电子信箱:fxb@sinolingua.com.cn

北京外文印刷厂印刷

中国国际图书贸易总公司海外发行

(中国北京车公庄西路 35 号)

北京邮政信箱第 399 号　邮政编码 100044

新华书店国内发行

2007 年(32 开)第一版

(汉英)

ISBN 978-7-80200-232-6(外)

9-CE-3769P

定价:39.80 元